Privatrecht – Wirtschaftsrecht – Verfahrensrecht

herausgegeben durch

das Institut für ausländisches und internationales
Privat- und Wirtschaftsrecht der Universität Heidelberg

Prof. Dr. Christoph Kern
Prof. Dr. Dr. h.c. Thomas Pfeiffer
Prof. Dr. Marc-Philippe Weller

Band 12

Thomas Pfeiffer | Quincy C. Lobach (Hrsg.)

Effektive grenzüberschreitende Vollstreckung in der Europäischen Union

Anwendungsprobleme der EuVTVO, EuGFVO, EuMahnVO und EuKPfVO

Nomos

Dieses Projekt wurde finanziert durch das Justizprogramm der Europäischen Union (2014–2020). Der Inhalt dieses Dokuments stellt allein die Ansicht der Autoren dar und liegt in ihrer eigenen Verantwortung. Die Europäische Kommission lehnt jegliche Verantwortung für die Benutzung der enthaltenen Informationen ab.

Die Deutsche Nationalbibliothek verzeichnet diese Publikation in der Deutschen Nationalbibliografie; detaillierte bibliografische Daten sind im Internet über http://dnb.d-nb.de abrufbar.

ISBN 978-3-8487-8667-1 (Print)
ISBN 978-3-7489-3038-9 (ePDF)

Onlineversion
Nomos eLibrary

1. Auflage 2022

Vorwort

Dieser Band enthält die Schriftfassungen der Vorträge, die auf einer Online-Tagung im Rahmen der von der EU-Kommission finanzierten Studie „EFFORTS – Towards more effective enforcement of claims in civil and commercial matters within the EU“ am 17. September 2021 gehalten wurden.

Am Projekt beteiligt sind das Institut für ausländisches und internationales Privat- und Wirtschaftsrecht der Universität Heidelberg, die Università degli Studi di Milano (Koordination), die Vrije Universiteit Brussel, die Pravni fakultet Sveučilišta u Zagrebu, die Vilnius University und das Max Planck Institute Luxembourg for Procedural Law.

Das EFFORTS-Projekt hat zum Ziel, die Effektivität der grenzüberscheitenden Vollstreckung in der EU zu untersuchen. Es nimmt dabei – neben der Brüssel Ia-VO – vor allem die EuVTVO, EuMahnVO, EuGFVO und EuKPfVO in den Blick. Nach einer bewährten Vorgehensweise werden in den Mitgliedstaaten der beteiligten Institutionen unter anderem Tagungen durchgeführt, im Rahmen derer etwaige Probleme bei der Anwendung dieser Verordnungen aus Sicht des nationalen Rechts aufgedeckt und Lösungsansätze unterbreitet werden sollen. Die in Heidelberg gewonnenen Erkenntnisse einschließlich des vorliegenden Tagungsbandes sollen in die weiteren Schritte des Projekts einfließen und im Austausch mit den Projektpartnern weiterentwickelt werden. Dazu sind insbesondere eine internationale Tagung mit europäischer Perspektive in Luxemburg sowie eine Abschlusstagung in Mailand vorgesehen. Die Ergebnisse des Projekts sollen in Gestalt eines umfassenden Abschlussberichts sowie thematischer Einzelberichte vorgelegt werden.

Die Herausgeber möchten sich bei den Referenten und Diskutanten der Tagung sehr herzlich dafür bedanken, dass sie das Projekt durch ihre Beiträge mitgestaltet haben. Unser Dank gilt auch Herrn *Elias Krist* für seine Unterstützung bei der digitalen Durchführung der Tagung.

Heidelberg, den 3. November 2021 *Thomas Pfeiffer & Quincy C. Lobach*

Inhalt

Abkürzungsverzeichnis 9

Die Verordnungen des Europäischen Vollstreckungsrechts – rechtspolitische Hintergründe 13
Rolf Wagner

Die Erfahrungen der Justiz mit der Europäischen Mahnverordnung 41
Johanna Richardt

Herausforderungen bei der Anwendung der Europäischen Mahnverordnung 49
Robert Magnus

Stand und Fortentwicklung der Europäischen Verordnung über geringfügige Forderungen 77
Wolfgang Hau

Die europäische vorläufige Kontenpfändung: Konzept, Umsetzung, Bewährung 95
Peter Kreutz

The EFFORTS German Exchange Seminar: Conference Report 121
Christoph Blüm & Louis M. Roer

Autorenverzeichnis 127

Abkürzungsverzeichnis

Brüssel I-VO	Verordnung (EG) Nr. 44/2001 des Rates vom 22. Dezember 2000 über die gerichtliche Zuständigkeit und die Anerkennung und Vollstreckung von Entscheidungen in Zivil- und Handelssachen
Brüssel Ia-VO	Verordnung (EU) Nr. 1215/2012 des Europäischen Parlaments und des Rates vom 12. Dezember 2012 über die gerichtliche Zuständigkeit und die Anerkennung und Vollstreckung von Entscheidungen in Zivil- und Handelssachen
Brüssel II-VO	Verordnung (EG) Nr. 1347/2000 des Rates vom 29. Mai 2000 über die Zuständigkeit und die Anerkennung und Vollstreckung von Entscheidungen in Ehesachen und in Verfahren betreffend die elterliche Verantwortung für die gemeinsamen Kinder der Ehegatten
Brüssel IIa-VO	Verordnung (EG) Nr. 2201/2003 des Rates vom 27. November 2003 über die Zuständigkeit und die Anerkennung und Vollstreckung von Entscheidungen in Ehesachen und in Verfahren betreffend die elterliche Verantwortung und zur Aufhebung der Verordnung (EG) Nr. 1347/2000
Brüssel IIb-VO	Verordnung (EU) 2019/1111 des Rates vom 25. Juni 2019 über die Zuständigkeit, die Anerkennung und Vollstreckung von Entscheidungen in Ehesachen und in Verfahren betreffend die elterliche Verantwortung und über internationale Kindesentführungen
DurchführungsVO EuKPfVO	Durchführungsverordnung (EU) 2016/1823 der Kommission vom 10. Oktober 2016 zur Festlegung der Formblätter nach Maßgabe der Verordnung (EU) Nr. 655/2014 des Europäischen Parlaments und des Rates zur Einführung eines Verfahrens für einen Europäischen Beschluss zur vorläufigen Kontenpfändung im Hinblick auf die Erleichterung der grenzüberschreitenden Eintreibung von Forderungen in Zivil- und Handelssachen
EuErbVO	Verordnung (EU) Nr. 650/2012 des Europäischen Parlaments und des Rates vom 4. Juli 2012 über die Zuständigkeit, das anzuwendende Recht, die Anerkennung und Vollstreckung von Entscheidungen und die Annahme und Vollstreckung öffentlicher Urkunden in Erbsachen sowie zur Einführung eines Europäischen Nachlasszeugnisses
EuGFVO	Verordnung (EG) Nr. 861/2007 des Europäischen Parlaments und des Rates vom 11. Juli 2007 zur Einführung eines europäischen Verfahrens für geringfügige Forderungen
EU-GrCh	Charta der Grundrechte der Europäischen Union
EuGüVO	Verordnung (EU) 2016/1103 des Rates vom 24. Juni 2016 zur Durchführung einer Verstärkten Zusammenarbeit im Bereich der Zuständigkeit, des anzuwendenden Rechts und der Anerkennung und Vollstreckung von Entscheidungen in Fragen des ehelichen Güterstands
EuGVÜ 1968	Übereinkommen über die gerichtliche Zuständigkeit und die Vollstreckung gerichtlicher Entscheidungen in Zivil- und Handelssachen vom 27. September 1968
EuKPfVO	Verordnung (EU) Nr. 655/2014 des Europäischen Parlaments und des Rates vom 15. Mai 2014 zur Einführung eines Verfahrens für einen

	Europäischen Beschluss zur vorläufigen Kontenpfändung im Hinblick auf die Erleichterung der grenzüberschreitenden Eintreibung von Forderungen in Zivil- und Handelssachen
EuMahnVO	Verordnung (EG) Nr. 1896/2006 des Europäischen Parlaments und des Rates vom 12. Dezember 2006 zur Einführung eines Europäischen Mahnverfahrens
EuInsVO	Verordnung (EU) 2015/848 des Europäischen Parlaments und des Rates vom 20. Mai 2015 über Insolvenzverfahren
EuPartVO	Verordnung (EU) 2016/1104 des Rates vom 24. Juni 2016 zur Durchführung der Verstärkten Zusammenarbeit im Bereich der Zuständigkeit, des anzuwendenden Rechts und der Anerkennung und Vollstreckung von Entscheidungen in Fragen güterrechtlicher Wirkungen eingetragener Partnerschaften
EuUntVO	Verordnung (EG) Nr. 4/2009 des Rates vom 18. Dezember 2008 über die Zuständigkeit, das anwendbare Recht, die Anerkennung und Vollstreckung von Entscheidungen und die Zusammenarbeit in Unterhaltssachen
EuVTVO	Verordnung (EG) Nr. 805/2004 des Europäischen Parlaments und des Rates vom 21. April 2004 zur Einführung eines europäischen Vollstreckungstitels für unbestrittene Forderungen
EuZustVO	Verordnung (EG) Nr. 1393/2007 des Europäischen Parlaments und des Rates vom 13. November 2007 über die Zustellung gerichtlicher und außergerichtlicher Schriftstücke in Zivil- oder Handelssachen in den Mitgliedstaaten (Zustellung von Schriftstücken) und zur Aufhebung der Verordnung (EG) Nr. 1348/2000 des Rates
KOM (2005) 87 endg.	Vorschlag für eine Verordnung des Europäischen Parlaments und des Rates zur Einführung eines europäischen Verfahrens für geringfügige Forderungen
KOM (2006) 618 endg.	Grünbuch zur effizienteren Vollstreckung von Urteilen in der Europäischen Union: Vorläufige Kontenpfändung
KOM (2011) 445 endg.	Vorschlag für eine Verordnung des Europäischen Parlaments und des Rates zur Einführung eines Europäischen Beschlusses zur vorläufigen Kontenpfändung im Hinblick auf die Erleichterung der grenzüberschreitenden Eintreibung von Forderungen in Zivil- und Handelssachen
KOM (2013) 794 endg.	Vorschlag für eine Verordnung des Europäischen Parlaments und des Rates zur Änderung Verordnung (EG) Nr. 861/2007 des Europäischen Parlaments und des Rates vom 11. Juli 2007 zur Einführung eines europäischen Verfahrens für geringfügige Forderungen und der Verordnung (EG) Nr. 1896/2006 des Europäischen Parlaments und des Rates vom 12. Dezember 2006 zur Einführung eines Europäischen Mahnverfahrens
KOM (2013) 795 endg.	Bericht der Europäischen Kommission an das Europäische Parlament, den Rat und den Europäischen Wirtschafts- und Sozialausschuss – Anwendung der Verordnung (EG) Nr. 861/2007 des Europäischen Parlaments und des Rates zur Einführung eines europäischen Verfahrens für geringfügige Forderungen
KOM (2015) 495 endg.	Bericht der Europäischen Kommission an das Europäische Parlament, den Rat und den Europäischen Wirtschafts- und Sozialausschuss über die Anwendung der Verordnung (EG) Nr. 1896/2006 des Europäischen

	Parlaments und des Rates zur Einführung eines Europäischen Mahnverfahrens
Reform-VO	Verordnung (EU) 2015/2421 des Europäischen Parlaments und des Rates vom 16. Dezember 2015 zur Änderung der Verordnung (EG) Nr. 861/2007 zur Einführung eines europäischen Verfahrens für geringfügige Forderungen und der Verordnung (EG) Nr. 1896/2006 zur Einführung eines Europäischen Mahnverfahrens
Rom I-VO	Verordnung (EG) Nr. 593/2008 des Europäischen Parlaments und des Rates vom 17. Juni 2008 über das auf vertragliche Schuldverhältnisse anzuwendende Recht (Rom I)
Rom II-VO	Verordnung (EG) Nr. 864/2007 des Europäischen Parlaments und des Rates vom 11. Juli 2007 über das auf außervertragliche Schuldverhältnisse anzuwendende Recht (Rom II)

Die Verordnungen des Europäischen Vollstreckungsrechts – rechtspolitische Hintergründe

Rolf Wagner

Inhalt

I. Einleitung 13
II. Ausgangssituation 16
1. Kompetenz und Rechtsform 17
2. Erforderlichkeit eines Vollstreckbarerklärungsverfahren 17
3. Fehlender Überraschungseffekt bei der Vollstreckung aus einem Arrestbefehl nach der Brüssel I-VO 18
III. EuVTVO 18
IV. EuMahnVO 23
1. Ursprungsfassung 23
2. Änderungen der Ursprungsfassung der EuMahnVO 26
V. EuGFVO 27
1. Ursprungsfassung 27
2. Änderungen der Ursprungsfassung der EuGFVO 30
VI. EuKPfVO 32
VII. Durchführung der Verordnungen im deutschen Recht 35
VIII. Zusammenfassung 36
Literaturverzeichnis 38

I. Einleitung

Bei den Verordnungen des Europäischen Vollstreckungsrechts handelt es sich um die EuVTVO, die (bereits überarbeitete) EuMahnVO, die (ebenfalls bereits reformierte) EuGFVO und die EuKPfVO. Diese Verordnungen, die mitunter auch als Verordnungen der „2. Generation"[1] umschrieben werden, beruhen allesamt auf Initiativen der Europäischen Kommission. Als Rechtsgrundlage diente immer die Kompetenz zur justiziellen Zu-

1 Siehe z.B. *Rademacher*, IPRax 2020, 85.

sammenarbeit in Zivilsachen.[2] Im Einzelnen beruhen die Verordnungen „insbesondere auf Art. 61 lit. c und Art. 67 V zweiter Gedankenstrich ex-EGV“ (EuVTVO), „insbesondere auf Art. 61 lit. c ex-EGV“ (EuMahnVO), „insbesondere auf Art. 61 lit. c und Art. 67 ex-EGV“ (EuGFVO) und „insbesondere auf Art. 81 Abs. 2 lit. a, e und f AEUV“ (EuKPfVO). Alle Verordnungen des Europäischen Vollstreckungsrechts sind dem Verfahrensrecht zuzuordnen.

Die vier Verordnungen, die von der Praxis teilweise sehr zurückhaltend aufgenommen worden sind,[3] stammen aus den Jahren 2004 (EuVTVO), 2006 (EuMahnVO), 2007 (EuGFVO) und 2014 (EuKPfVO). Die ersten drei Verordnungen sind somit noch in der von mir einmal als „euphorisch“[4] charakterisierten frühen Phase der ziviljustiziellen Zusammenarbeit verabschiedet worden. Seinerzeit ist ein Rechtsinstrument nach dem anderen „aus dem Boden gestampft“ worden. Diese durch heftige Betriebsamkeit geprägte Zeit beruhte darauf, dass die Politik Gefallen an der neuen Kompetenz gefunden hatte und den Grundsatz des gegenseitigen Vertrauens propagierte.[5] Damals schien dieses gegenseitige Vertrauen in der Politik noch grenzenlos gewesen zu sein. Heute würde man das sicherlich anders sehen. Schon seit längerer Zeit befinden wir uns in einer „eher ernüchternden Phase“ der ziviljustiziellen Zusammenarbeit[6] und in diese Phase fällt bereits die Ausarbeitung und Verabschiedung der EuKPfVO als dem jüngsten Rechtsakt aus dem Kreis der Verordnungen des Europäischen Vollstreckungsrechts.

Der Zeitraum, in dem die hier in den Blick zu nehmenden Verordnungen ausgearbeitet und verabschiedet worden sind, umfasst mehr als zehn Jahre. Wenn man zu den Wurzeln der ersten drei dieser Verordnungen gelangen will, muss man zu den Anfängen der justiziellen Zusammenarbeit in Zivilsachen zurückkehren. Die Gesetzgebungskompetenz in der ziviljustiziellen Zusammenarbeit erwuchs der damaligen EG mit dem Amsterdamer Vertrag,[7] der am 1. Mai 1999 in Kraft getreten ist. Das damalige große

---

2 Zum Verhältnis dieser Kompetenz zu anderen Kompetenzgrundlagen *Wagner*, IPRax 2019, 185 (187).

3 Siehe z.B. *Rademacher*, IPRax 2020, 85.

4 Zu dem Begriff *Wagner*, IPRax 2019, 185 (192).

5 Zu den Arbeiten an der EuVTVO diesbezüglich z.B. *Pabst*, in: Rauscher, EuZPR/EuIPR, Einl. EG-VollstrTitelVO Rn. 15.

6 Zu dem Begriff *Wagner*, IPRax 2019, 185 (192).

7 Vertrag von Amsterdam zur Änderung des Vertrags über die Europäische Union, der Verträge zur Gründung der Europäischen Gemeinschaften sowie einiger damit zusammenhängender Rechtsakte, ABl. EU C 340 v. 10.11.1997, S. 1.

Interesse der Politik an dieser Kompetenz kam mit darin zum Ausdruck, dass die Mitgliedstaaten im Prinzip alle fünf Jahre ein ausgefeiltes politisches Programm ausgearbeitet und sich damit neue Ziele gesetzt haben. Mit Ausnahme der EuKPfVO wurde der Grundstein zu den hier zu thematisierenden Verordnungen (im Rat) bereits in dem ersten dieser politischen Programme, den sog. Schlussfolgerungen von Tampere,[8] gelegt. Dieses Programm ist unter finnischem Vorsitz in der EU im Oktober 1999 verabschiedet worden und hat rückblickend für einen einzigartigen Innovationsschub auf europäischer Ebene in der ziviljustiziellen Zusammenarbeit gesorgt.[9] Zusätzliche Festlegungen folgten bspw. in dem Maßnahmenprogramm,[10] welches durch die zuvor genannten Schlussfolgerungen von Tampere initiiert worden ist.

Einen besonders langen Vorlauf, auf den hier aber auch nur in groben Zügen eingegangen werden soll, hatte die EuKPfVO.[11] Schon im Jahre 1998, d.h. noch unter der Ägide der intergouvernementalen Zusammenarbeit nach dem Maastrichter Vertrag,[12] sprach sich die Europäische Kommission in einem Positionspapier, und zwar schon mit Blick auf den Amsterdamer Vertrag, dafür aus, sich der vorläufigen Pfändung von Bankguthaben anzunehmen.[13] Im bereits genannten Maßnahmenprogramm aus dem Jahre 2000 wurde die Europäische Kommission dann erstmals

8 Abgedruckt in NJW 2000, 1925.

9 Den Schlussfolgerungen von Tampere folgten, was den hier interessierenden Zeitraum angeht, das Haager Programm (hierzu *Wagner*, IPRax 2005, 66) und sodann das Stockholmer Programm (hierzu *Wagner*, IPRax 2010, 97). Der Auszug aus den Schlussfolgerungen des Europäischen Rates (Tagung vom 26.-27. Juni 2014) betreffend den Raum der Freiheit, der Sicherheit und des Rechts und einige damit zusammenhängende Querschnittsthemen, ABl. EU C 240 v. 24.07.2014, S. 13, orientierte sich an Art. 68 AEUV und enthielt kein detailliertes Programm mehr. Siehe zu den Einzelheiten *Wagner*, IPRax 2014, 469; *Wagner*, ZEuP 2015, 1.

10 Maßnahmenprogramm zur Umsetzung des Grundsatzes der gegenseitigen Anerkennung gerichtlicher Entscheidungen in Zivil- und Handelssachen, ABl. EG C 12 v. 15.01.2001, S. 1 (4).

11 Siehe auch zum Folgenden z.B. *Hess*, Europäisches Zivilprozessrecht, Rn. 10.122 f. mit Hinweis auf seine im Auftrag der Europäischen Kommission erstellte Studie. Siehe zur Vorgeschichte auch die Ausführungen im Grünbuch, KOM (2006) 618 endg., S. 3.

12 Vertrag über die Europäische Union zusammen mit dem Wortlaut des Vertrages zur Gründung der Europäischen Gemeinschaft, ABl. EG C 224 v. 31.08.1992, S. 1. Siehe hierzu *Hess*, Europäisches Zivilprozessrecht, Rn. 2.4 f.

13 Mitteilung der Kommission an den Rat und an das Europäische Parlament: „Wege zu einer effizienteren Einwirkung und Vollstreckung von gerichtlichen Entscheidungen in der Europäischen Union, ABl. EG C 33 v. 31.01.1998, S. 3 (unter Nr. 46).

aufgefordert, die Beschlagnahme von Bankguthaben zu verbessern.[14] Im Jahre 2006 legte die Europäische Kommission ein Grünbuch zur vorläufigen Kontenpfändung[15] vor, mit dem sie eine Konsultation einleitete. In diesem Grünbuch bezeichnete die Europäische Kommission das „Vollstreckungsrecht“ als die „Achillesferse des europäischen Zivilrechtsraums“.[16] Gleichwohl beriefen sich die Mitgliedstaaten erst einmal auf ihre Souveränität und verzögerten weitere Arbeiten. Rechtsharmonisierung im Internationalen Zivilverfahrensrecht war grundsätzlich willkommen, nicht aber im Bereich der Vollstreckung. Dem Territorialitätsprinzip folgend sollte in diesem Bereich weiterhin allein das nationale Recht maßgeblich sein.

Bankenkreise, die mit einem erhöhten Arbeitsanfall rechnen mussten, machten sich die Bedenken der Mitgliedstaaten zu eigen. Erst nach der Finanzkrise (2007/2008) trieb die Europäische Kommission ihre Überlegungen voran. Mit dem Stockholmer Programm vom Dezember 2009 wurde sie dann sogar aufgefordert, „zweckorientierte Vorschläge zur Verbesserung der Effizienz der Vollstreckung von Urteilen in der Union betreffend Bankkonten und Schuldnervermögen“ vorzulegen.[17] Obwohl nicht alle Widerstände überwunden werden konnten, legte die Europäische Kommission ihren Verordnungsvorschlag[18] dann Mitte 2011, d.h. nach dreizehnjährigem Vorlauf, vor.

II. Ausgangssituation

Um die vier Rechtsinstrumente des Europäischen Vollstreckungsrechts besser verstehen zu können, erscheint ein kurzer Blick auf die damalige Ausgangssituation hilfreich. Dabei sollen drei Punkte hervorgehoben werden:

---

14 Maßnahmenprogramm zur Umsetzung des Grundsatzes der gegenseitigen Anerkennung gerichtlicher Entscheidungen in Zivil- und Handelssachen, ABl. EG C 12 v. 15.01.2001, S. 1 (5).

15 KOM (2006) 618 endg.

16 KOM (2006) 618 endg., S. 2.

17 Das Stockholmer Programm – Ein offenes und sicheres Europa im Dienste und zum Schutz der Bürger, ABl. EU C 115 v. 04.05.2010, S. 1.

18 KOM (2011) 445 endg.

1. *Kompetenz und Rechtsform*

Mit der Kompetenzgrundlage zur justiziellen Zusammenarbeit in Zivilsachen hatte man bereits erste Erfahrungen gesammelt, als die Arbeiten an der EuVTVO begannen. Denn zu diesem Zeitpunkt hatte man im Bereich des Zivilverfahrensrechts bereits zahlreiche Rechtsinstrumente verabschiedet.[19] Als die Europäische Kommission am 18. April 2002 ihren Verordnungsvorschlag[20] zur EuVTVO annahm, waren die Weichen für eine im Prinzip weite Auslegung der Kompetenz zur ziviljustiziellen Zusammenarbeit bereits gestellt. Als Rechtsinstrument favorisierte man in dem eher rechtstechnischen Bereich der justiziellen Zusammenarbeit in Zivilsachen von Anfang an generell die Verordnung (und nicht etwa die Richtlinie). Vor diesem Hintergrund ist es nicht überraschend, dass die hier zu diskutierenden Rechtsakte des Europäischen Vollstreckungsrechts allesamt als Verordnungen verabschiedet worden sind.

2. *Erforderlichkeit eines Vollstreckbarerklärungsverfahren*

Hervorzuheben ist darüber hinaus, dass zum Zeitpunkt der Aufnahme der Arbeiten an der EuVTVO noch die Brüssel I-VO galt. Wie schon im Rahmen des EuGVÜ 1968 musste ein Titel aus einem anderen Mitgliedstaat nach der Brüssel I-VO im Vollstreckungsmitgliedstaat erst noch ein Vollstreckbarerklärungsverfahren durchlaufen, ehe er dort vollstreckt werden konnte (vgl. Art. 38 Abs. 1 Brüssel I-VO). An diesem Vollstreckbarerklärungsverfahren hatte damals die Politik Anstoß genommen und dieses vielfach als überflüssig erachtet.[21]

---

19 Verordnung (EG) Nr. 1348/2000 des Rates vom 29. Mai 2000 über die Zustellung gerichtlicher und außergerichtlicher Schriftstücke in Zivil- oder Handelssachen in den Mitgliedstaaten, ABl. EG L 160 v. 30.06.2000, S. 37; Verordnung (EG) Nr. 1206/2001 des Rates vom 28. Mai 2001 über die Zusammenarbeit zwischen den Gerichten der Mitgliedstaaten auf dem Gebiet der Beweisaufnahme in Zivil- oder Handelssachen, ABl. EG L 174 v. 27.06.2001, S. 1.

20 Vorschlag für eine Verordnung des Rates zur Einführung eines europäischen Vollstreckungstitels für unbestrittene Forderungen, KOM (2002) 159 endg.

21 Siehe zu den Gründen, die ein Vollstreckbarerklärungsverfahren rechtfertigen, *Wagner/Beckmann*, RIW 2011, 44.

3. *Fehlender Überraschungseffekt bei der Vollstreckung aus einem Arrestbefehl nach der Brüssel I-VO*

Speziell im Hinblick auf die Ausarbeitung der EuKPfVO ist darüber hinaus auch noch auf eine *EuGH*-Entscheidung zum EuGVÜ 1968 zu verweisen, die im Rahmen der Brüssel I-VO weiterhin zu beachten war.[22] So entschied der *EuGH*[23] in der Rs. *Denilauler*, dass eine einstweilige Maßnahme nach dem EuGVÜ 1968 nicht vollstreckt werden darf, wenn die Maßnahme ohne Anhörung des Schuldners ergangen bzw. die Entscheidung ihm vor der Vollstreckung nicht zugestellt worden ist.[24] Diese *EuGH*-Rechtsprechung führte seinerzeit bekanntlich dazu, dass der Gläubiger den Schuldner im Rahmen der Brüssel I-VO nicht mehr mit der grenzüberschreitenden Vollziehung eines Arrests „überraschen" konnte.[25]

Nach der Hervorhebung dieser drei Punkte soll nun in chronologischer Reihenfolge einzeln zu den vier Rechtsakten des Europäischen Vollstreckungsrechts Stellung genommen werden. Dabei wird davon ausgegangen, dass dem Leser der Inhalt der vier Verordnungen zumindest in groben Zügen bekannt ist. Aufgrund der Stofffülle kann nicht auf alle Details eingegangen werden; vielmehr muss dem Motto „Mut zur Lücke" gefolgt werden.

III. EuVTVO

Die Erstgeborene der Verordnungen zum Europäischen Vollstreckungsrecht ist die EuVTVO.[26] Die Arbeiten an der EuVTVO, die nur knapp zwei Jahre dauerten,[27] betrafen einen klassischen Bereich des Internationalen Zivilverfahrensrechts, da es im Kern (nur) um Fragen der Anerkennung und Vollstreckung ging. Nachdem man das Vollstreckbarerklärungsverfahren bereits in der Brüssel IIa-VO aus dem Jahre 2003 in Teilbereichen

---

22 Siehe z.B. *BGH*, Urt. v. 21.12.2006, IX ZB 150/05, NJW-RR 2007, 1573.

23 *EuGH*, Urt. v. 21.05.1980, C-125/79 – *Denilauler/Couchet*, Rn. 17 f.

24 Siehe hierzu z.B. *Linke/Hau*, Internationales Zivilverfahrensrecht, Rn. 15.15.

25 Siehe zur damaligen Rechtslage z.B. *Häcker*, WM 2021, 2180 (2181); *Zerr*, EuZW 2013, 292 (293). Siehe zur Rechtslage im Rahmen der Brüssel Ia-VO z.B. *Hess*, Europäisches Zivilprozessrecht, Rn. 6.280.

26 Siehe auch *Europäische Kommission*, Leitfaden zur Anwendung der Verordnung über den Europäischen Vollstreckungstitel, https://e-justice.europa.eu/fileDownload.do?id=b86caf9c-bfe1-492c-8ead-d6d2d65e0f4b (abgerufen am 03.11.2021).

27 *Wagner*, IPRax 2005, 189 (190).

abgeschafft hatte,[28] sollte dasselbe im wirtschaftsrechtlichen Bereich geschehen. Auf der Basis von Mindeststandards sollte ein „Europäischer Vollstreckungstitel" entwickelt werden.[29] Ausländische Titel sollten den inländischen Titeln hinsichtlich der Vollstreckungswirkung gleichgestellt werden. Entscheidungen sollten grundsätzlich nur noch im Ursprungsmitgliedstaat überprüft werden können.[30]

Wie die anderen Rechtsinstrumente zum Europäischen Vollstreckungsrecht erstreckt sich die EuVTVO zwar im Ausgangspunkt auf alle Zivil- und Handelssachen (Art. 2 Abs. 1 S. 1 EuVTVO). Es gibt jedoch unterschiedliche Ausnahmen von diesem Prinzip in den einzelnen Verordnungen,[31] auf die weder hier noch im Folgenden im Detail eingegangen werden soll. Festzuhalten bleibt, dass man aufgrund der Unterschiede bei jedem dieser Rechtsakte gesondert prüfen muss, ob der geltend gemachte Anspruch in den Anwendungsbereich der jeweiligen Verordnung fällt.

Da Geldzahlungstitel in der Praxis am einfachsten zu vollstrecken und in allen Rechtsordnungen bekannt sind, hat man sich in den Verhandlungen zur EuVTVO im Ausgangspunkt auf Geldforderungen konzentriert (Art. 3 Abs. 1 i.V.m. Art. 4 Nr. 2 EuVTVO).[32] Hintergrund für die in den Schlussfolgerungen von Tampere[33] bereits angelegte zusätzliche Beschränkung auf unbestrittene Geldforderungen (Art. 3 EuVTVO) war die Überlegung, dass ein Beklagter, welcher der geltend gemachten Forderung im Erkenntnisverfahren nicht entgegentritt, sich vermutlich auch nicht gegen die Vollstreckung zur Wehr setzen würde.[34] Anderenfalls würde er sich in Widerspruch zu seinem vorherigen Verhalten setzen und wäre deshalb auch nicht schutzwürdig. Im Laufe der Verhandlungen sah man dann, dass der Teufel im Detail steckt. Teilweise war man sogar perfektionistisch. Dies erklärt nicht nur die relativ umfangreichen Definitionen, sondern auch die nicht ganz einfach zu verstehende Verzahnung von Unions- und nationalem Recht in Art. 3 EuVTVO.

Bei näherer Betrachtung musste man erkennen, dass mit der Vollstreckbarerklärung automatisch auch die Berufung auf Vollstreckungsversagungsgründe im Rechtsbehelfsverfahren der Vollstreckbarerklärung

---

28 *Wagner*, NJW 2005, 1157 (1158).
29 So die Schlussfolgerungen von Tampere, abgedruckt in NJW 2000, 1925.
30 *Schack*, ZVglRWiss 119 (2020), 237 (241).
31 Siehe im Rahmen der EuVTVO insbesondere Art. 2 Abs. 2 EuVTVO.
32 Siehe auch *Schlosser*, in: Schlosser/Hess, EuZPR, Art. 1 EuVTVO Rn. 5.
33 Abgedruckt in NJW 2000, 1925 (Rn. 30).
34 Eine Beschränkung auf „Geldforderungen" sahen die Schlussfolgerungen von Tampere (abgedruckt in NJW 2000, 1925) hingegen nicht vor.

nach der Brüssel I-VO wegfiel. Dies wiederum warf damals die Grundsatzfrage auf, ob die Mitgliedstaaten überhaupt unionsrechtlich verpflichtet werden können, Hoheitsakte anderer Mitgliedstaaten ohne jegliche Kontrolle anzuerkennen bzw. zu vollstrecken.[35] Diese Frage wurde seinerzeit gestellt, geprüft, aber eigentlich nicht ausdiskutiert.[36] Letzteres ist mit darauf zurückzuführen, dass sich die Politik programmatisch schon im Vorhinein auf die EuVTVO geeinigt hatte und diese Festlegung nicht mehr in Frage gestellt werden sollte.[37]

Im Vordergrund der Diskussion stand damals der Wegfall des *ordre public*-Vorbehalts. Deutschland hatte sich auf Fachebene noch dafür ausgesprochen, dem Schuldner – wie in der Brüssel Ia-VO (vgl. Art. 46 ff. Brüssel Ia-VO) – wenigstens die Möglichkeit einzuräumen, auf eigene Initiative hin im Vollstreckungsmitgliedstaat einen Antrag auf Versagung der Vollstreckung zu stellen. In diesem sog. „umgekehrten Verfahren“[38] sollte der Schuldner auf seinen Antrag hin die Vollstreckungsversagungsgründe und damit auch den *ordre public*-Einwand geltend machen können. Selbst die Skeptiker der Abschaffung der *ordre public*-Kontrolle dachten dabei nur an vereinzelte „verunglückte“ ausländische Entscheidungen, deren Vollstreckung man verhindern wollte. An Rechtsstaatsdefizite in der Gesetzgebung einzelner EU-Mitgliedstaaten, wie sie derzeit diskutiert werden, dachte damals wahrscheinlich niemand.

Für das „umgekehrte Verfahren“ gab es damals schon auf der Fachebene keine Mehrheit,[39] sodass ein solches Verfahren auf politischer Ebene gar nicht erst diskutiert wurde. Die Europäische Kommission ließ sich von ihrem Plan, das Vollstreckbarerklärungsverfahren abzuschaffen, nicht abbringen und die Politik hatte sich – wie bereits erwähnt – zuvor schon zum Ziel der Abschaffung des Vollstreckbarerklärungsverfahrens bekannt.

Die unterschiedliche Einstellung zu dem Projekt auf Fachebene war der Hintergrund dafür, dass um den Anwendungsbereich des Rechtsinstruments heftig gerungen wurde. Wer dem Vorhaben skeptisch gegen-

---

35 *Hess*, in: Schlosser/Hess, EuZPR, Art. 1 EuVTVO Rn. 13.

36 Siehe näher zu dieser Problematik *Wagner*, IPRax 2002, 85 (87 ff.); *Hess*, in: Schlosser/Hess, EuZPR, Art. 1 EuVTVO Rn. 13 Fn. 3 m.w.N.

37 Immerhin hat zwischenzeitlich der *BGH*, Urt. v. 24.04.2014, VII ZB 28/13, MDR 2014, 745 (Rn. 26) entschieden, dass die Abschaffung des *ordre public*-Vorbehalts nicht gegen höherrangiges Recht verstößt.

38 Siehe zur Einführung des umgekehrten Verfahrens in der Brüssel Ia-VO *Pohl*, IPRax 2013, 109 (112). Den Begriff des „umgekehrten Verfahrens“ verwenden auch *v. Hein/Imm*, IWRZ 2018, 112 (114).

39 *Wagner*, NJW 2012, 1333 (1334).

über stand, versuchte, den Anwendungsbereich klein zu halten. Demgegenüber kämpfte insbesondere die Europäische Kommission darum, das Vollstreckbarerklärungsverfahren in möglichst vielen Fällen abzuschaffen. Verhandlungsführer der Europäischen Kommission auf Referentenebene war damals übrigens *Andreas Stein*, der mittlerweile das Referat „A. 1 Ziviljustiz“ der Generaldirektion „Justiz und Verbraucher“ in der Europäischen Kommission leitet.

Insgesamt gesehen ist die EuVTVO letztlich doch relativ geräuschlos verabschiedet worden. Nachdem die Mitgliedstaaten das Geschehen in der justiziellen Zusammenarbeit in Zivilsachen zunächst weitgehend alleine bestimmt haben, handelt es sich bei der EuVTVO um die erste Verordnung, die auf diesem Rechtsgebiet vom Rat und vom Europäischen Parlament gemeinsam, d.h. im sog. Mitentscheidungsverfahren, beschlossen wurde.[40]

Die EuVTVO macht die Bestätigung als Europäischen Vollstreckungstitel in bestimmten Sachverhaltskonstellationen davon abhängig, dass im Erkenntnisverfahren rechtsstaatliche[41] Mindeststandards eingehalten worden sind (Art. 6 lit. c i.V.m. Art. 12 ff. EuVTVO). Mithilfe der Mindeststandards sollten einzelne Anerkennungs- und Vollstreckungsversagungsgründe entbehrlich gemacht werden. Ob die betreffende Entscheidung den Mindeststandards gerecht wird, hat der Ursprungsstaat bei der Ausstellung der Bestätigung zu prüfen.[42]

Mindeststandards sind zwar dazu prädestiniert, in einer Richtlinie (und nicht in Verordnungen) „untergebracht“ zu werden. Da die EuVTVO über die Vorschriften zu den Mindeststandards hinaus aber noch eine ganze Reihe anderer Vorschriften enthält, ist man letztlich dem Kommissionsvorschlag gefolgt und hat die EuVTVO als Verordnung (als dem Regel-Rechtsinstrument der ziviljustiziellen Zusammenarbeit)[43] verabschiedet.

Mindeststandards sind bei den Mitgliedstaaten insofern beliebt, als sie das jeweilige nationale Recht unberührt lassen.[44] Gleichwohl üben die Mindeststandards natürlich einen gewissen Druck auf die Mitgliedstaaten aus, diese Standards ins eigene Recht zu übernehmen. Denn wenn die

---

40 Siehe dazu *Pabst*, in: Rauscher, EuZPR/EuIPR, Einl. EG-VollstrTitelVO Rn. 21 f.

41 Terminologie nach *Schlosser*, in: Schlosser/Hess, EuZPR, Art. 1 EuVTVO Rn. 3.

42 *Schlosser*, in: Schlosser/Hess, EuZPR, Art. 1 EuVTVO Rn. 3.

43 Siehe hierzu schon oben II.1.

44 Dass man sich damals hinsichtlich der Zustellung auf Mindeststandards beschränkte, beruhte auch auf Zweifeln an der Kompetenz zur Vereinheitlichung des Zustellungsrechts in den Mitgliedstaaten. Vgl. *Geimer*, in: Geimer/Schütze, Europäisches Zivilverfahrensrecht, Art. 12 EuVTVO Rn. 6.

inländischen Entscheidungen den Mindeststandards nicht entsprechen, können sie nicht als Europäische Vollstreckungstitel bestätigt und demzufolge nicht ins Ausland „exportiert" werden.[45] Deshalb wurde in den Verhandlungen auch über den Inhalt der Mindeststandards gestritten.

Der Name der EuVTVO wurde seinerzeit nicht groß diskutiert, wenngleich er irreführend ist.[46] Denn aus der Verordnung gehen keine europäischen Titel hervor. Vielmehr geht es lediglich darum, aus einem nationalen Verfahren hervorgegangene nationale (!) Titel unter bestimmten Voraussetzungen mithilfe einer Bescheinigung als Europäische Vollstreckungstitel zu „bestätigen" (siehe diese Terminologie z.B. in Art. 5 f. EuVTVO).

Wie die späteren Ausführungen zeigen werden, hat die EuVTVO den Durchbruch bei der Abschaffung des Vollstreckbarerklärungsverfahrens gebracht. Die Abschaffung des Vollstreckbarerklärungsverfahrens kam damals einer „Revolution" gleich. Die Politik versprach sich davon Zeit- und Kostenersparnisse.[47] Die Kritik aus Teilen der Wissenschaft an der EuVTVO, und zwar insbesondere an der Abschaffung der *ordre public*-Kontrolle, ist bis heute nicht verstummt.[48] Die Kritiker, zu denen auch ich gehöre, müssen allerdings einräumen – und dies ist wirklich überraschend – dass bis heute in Deutschland wohl keine „skandalösen" Entscheidungen aus dem Ausland bekannt geworden sind, die nach der EuVTVO zu vollstrecken waren und deren Vollstreckung man mit einem *ordre public*-Vorbehalt hätte aufhalten können.

Die EuVTVO war ursprünglich einmal als Pilotprojekt gedacht.[49] Deshalb hätte man seinerzeit erwarten dürfen, dass man zuerst einmal abwartet und dann prüft, ob und ggf. wie sich die EuVTVO in der Praxis bewährt, ehe man das Vollstreckbarerklärungsverfahren in weiteren Rechtsbereichen abschafft. Nicht so aber die Entwicklung in Brüssel! Die Europäische Kommission nutzte das Momentum und legte fast zeitgleich mit der Verabschiedung der EuVTVO ihren Vorschlag[50] für das Europäische Mahnverfahren vor. Schon ein Jahr später, als die Verhandlungen zur EuMahnVO noch in vollem Gange waren, hat die Europäische Kom-

45 *Wagner*, IPRax 2005, 189 (199).

46 Siehe auch *Schlosser*, in: Schlosser/Hess, EuZPR, Art. 1 EuVTVO Rn. 1.

47 Siehe hierzu *Pabst*, in: Rauscher, EuZPR/EuIPR, Einl. EG-VollstrTitelVO Rn. 20.

48 Gegen die Abschaffung der *ordre public*-Kontrolle in den EU-Rechtsinstrumenten im Allgemeinen z.B. *Schack*, ZVglRWiss 119 (2020), 237 (243).

49 *Schack*, ZVglRWiss 119 (2020), 237 (241); *Wagner*, NJW 2005, 1157.

50 Vorschlag für eine Verordnung des Europäischen Parlaments und des Rates zur Einführung eines Europäischen Mahnverfahrens, KOM (2004) 173 endg.

mission ihren Vorschlag[51] zum Verfahren über geringfügige Forderungen veröffentlicht.[52]

Das weitere Schicksal der EuVTVO ist bekanntermaßen ungewiss. Das Bedürfnis für diese Verordnung wird nämlich teilweise in Frage gestellt,[53] seitdem das Vollstreckbarerklärungsverfahren auch in der Brüssel Ia-VO abgeschafft worden ist (vgl. Art. 39 Brüssel Ia-VO). Zu 100 % deckungsgleich sind die beiden Regelungskonzepte, was die Anerkennung und Vollstreckung angeht, allerdings nicht.[54] Man darf daher gespannt darauf sein, welche Ergebnisse die laufende Evaluierung[55] der EuVTVO hervorbringen wird und wie die Mitgliedstaaten damit umgehen werden.[56]

IV. EuMahnVO

1. Ursprungsfassung

Nicht nur mit der EuVTVO, sondern auch mit der EuMahnVO[57] hat man Neuland in der justiziellen Zusammenarbeit in Zivilsachen betreten. Mit dieser Verordnung hat man nicht nur ein erstes eigenständiges europäisches Erkenntnisverfahren,[58] sondern nunmehr tatsächlich auch einen ersten Europäischen Vollstreckungstitel geschaffen.[59] Dieser ist in den anderen Mitgliedstaaten ohne Vollstreckbarerklärungsverfahren zu vollstrecken

---

51 KOM (2005) 87 endg.

52 *Jahn*, NJW 2007, 2890 (2891 Fn. 7).

53 Für die Aufhebung der EuVTVO etwa *Schack* und *Stürner* nach dem Tagungsbericht von *Rademacher*, IPRax 2020, 85. Siehe auch *Schack*, ZVglRWiss 119 (2020), 237. Nur noch ein geringes praktisches Bedürfnis für die EuVTVO sehend *v. Hein*, ZVglRWiss 119 (2020), 123 (141).

54 Nur im Rahmen der Brüssel Ia-VO (nicht aber in der EuVTVO) kann sich der Schuldner im Versagungsverfahren auf den *ordre public* berufen (Art. 46 i.V.m. Art. 45 Abs. 1 lit. a Brüssel Ia-VO).

55 Auf den Beginn der Evaluierung im Jahre 2020 weisen *Mansel/Thorn/Wagner*, IPRax 2020, 105 (108) hin.

56 Bei Redaktionsschluss lagen die Ergebnisse der Evaluierung noch nicht vor.

57 Siehe auch *Europäische Kommission*, Leitfaden zur Anwendung der Verordnung über das Europäische Mahnverfahren, https://e-justice.europa.eu/fileDownload.do?id=e543b011-5db2-4bae-af2d-13271336d8a6 (abgerufen am 03.11.2021).

58 Siehe zum Europäischen Mahnverfahren *Hüßtege*, in: Thomas/Putzo, ZPO, Anhang zu § 1096 ZPO Vorbemerkung Rn. 1.

59 *Linke/Hau*, Internationales Zivilverfahrensrecht, Rn. 11.2.

(Art. 19 EuMahnVO).[60] Die EuMahnVO zielt auf Fälle ab, in denen der Antragsteller einen Titel benötigt und nicht damit zu rechnen ist, dass der Antragsgegner den geltend gemachten Anspruch bestreiten wird.[61]

Als die Europäische Kommission ihren Verordnungsvorschlag zum Europäischen Mahnverfahren vorlegte, läuteten im deutschen Bundesministerium der Justiz die Alarmglocken. Die Ursache hierfür lag primär darin, dass die Europäische Kommission den innerstaatlichen Rechtsverkehr mit in das Projekt eines Europäischen Mahnverfahrens einbeziehen wollte.[62] Dies war für Deutschland beängstigend, weil man damals bereits über ein äußerst stark frequentiertes und gut funktionierendes eigenes Mahnverfahren verfügte und man sich nicht sicher sein konnte, dass das Europäische Mahnverfahren in der Praxis funktionieren würde.

Es entbrannte ein heftiger Meinungsstreit zwischen der Europäischen Kommission und denjenigen Mitgliedstaaten, die sich – wie Deutschland – für einen engeren Anwendungsbereich des Europäischen Mahnverfahrens einsetzten. Um die politischen Bedenken gegen den weiten Ansatz der Europäischen Kommission juristisch zu untermauern, berief sich nicht nur Deutschland darauf, dass die Kompetenz in der ziviljustiziellen Zusammenarbeit auf Zivilsachen mit grenzüberschreitenden Bezügen begrenzt ist.[63] Innerstaatliche Sachverhalte sollten daher nicht von der Verordnung erfasst werden.

Hinzu kam, dass sich die Verhandlungen aus deutscher Sicht in die falsche Richtung entwickelten. Zwar orientierte sich der Kommissionsvorschlag noch am zweistufigen deutschen Mahnverfahren,[64] demzufolge der Schuldner Widerspruch gegen den Mahnbescheid und Einspruch gegen den Vollstreckungsbescheid einlegen kann.[65] Daran wurde in den Verhandlungen jedoch immer stärkere Kritik laut. Mit zunehmender Dauer

---

60 *Geimer/Garber*, in: Geimer/Schütze, Europäisches Zivilverfahrensrecht, Art. 1 EuMVVO Rn. 8.

61 In diesem Sinne ist der Begriff der „unbestrittenen" Geldforderung in Art. 1 Abs. 1 lit. a EuMahnVO zu verstehen.

62 *Linke/Hau*, Internationales Zivilverfahrensrecht, Rn. 11.18.

63 Nach Art. 81 AEUV reicht nunmehr „ein grenzüberschreitender Bezug" aus. Inhaltlich leitet man daraus keine Unterschiede zwischen den Kompetenzen ab. Siehe dazu *Wagner*, ZZP 131 (2018), 183 (185 f. und 219).

64 *Hess*, Europäisches Zivilprozessrecht, Rn. 10.51.

65 Die Frist zur Einlegung des Widerspruchs beträgt zwei Wochen (§ 692 Abs. 1 Nr. 3 ZPO); nach § 694 Abs. 1 ZPO kann jedoch Widerspruch eingelegt werden, solange der Vollstreckungsbescheid nicht verfügt ist. Die Frist zur Einlegung des Einspruchs beträgt zwei Wochen ab Zustellung des Vollstreckungsbescheids (§ 700 Abs. 1 i.V.m. § 339 Abs. 1 ZPO).

der Verhandlungen favorisierten die meisten Mitgliedstaaten ein einstufiges Modell in dem Sinne, dass sich der Schuldner im Verfahren nur einmal mit einem Einspruch zur Wehr setzen kann.

Das Ergebnis der heftigen Auseinandersetzungen ist bekannt: Das Europäische Mahnverfahren wurde letzten Endes einstufig ausgestaltet,[66] aber auf unionsrechtlich definierte, grenzüberschreitende Rechtssachen beschränkt (vgl. Art. 2 Abs. 1 und Art. 3 EuMahnVO). Darüber hinaus schrieb man in der Verordnung ausdrücklich fest, dass die nationalen Mahnverfahren weiterhin genutzt werden dürfen (Art. 1 Abs. 2 EuMahnVO). Dies ist insofern bemerkenswert, als vom deutschen Mahnverfahren damals bereits in bestimmten grenzüberschreitenden Sachverhalten Gebrauch gemacht werden konnte (§ 32 AVAG) und dies nun weiterhin möglich ist.[67] Schon weil das einstufige Europäische Mahnverfahren (trotz langer Einspruchsfrist) schneller zu einem Titel führt als das zweistufige deutsche Verfahren, dürfte die Rechtspraxis dem europäischen Verfahren in diesen Sachverhalten jedoch den Vorzug gegenüber dem nationalen deutschen Mahnverfahren einräumen.[68]

Die ausdrückliche Beschränkung auf „grenzüberschreitende Rechtssachen“ in der EuMahnVO hatte in gewisser Weise Modellcharakter. Diese Beschränkung des Anwendungsbereichs findet sich nämlich auch in den zeitlich nachfolgenden Rechtsinstrumenten des Europäischen Vollstreckungsrechts vielfach wieder. Bei der Definition der grenzüberschreitenden Rechtssache ging es in Brüssel im Übrigen nie darum, die Kompetenz zur justiziellen Zusammenarbeit in Zivilsachen unter allen Umständen hundertprozentig auszuschöpfen.[69] Vielmehr hat man sich in erster Linie darum bemüht, griffige Abgrenzungskriterien zu finden, um der Praxis den Umgang mit dem jeweiligen Rechtsinstrument zu erleichtern.

Wegweisend für die weiteren Arbeiten in der ziviljustiziellen Zusammenarbeit waren auch lückenfüllende Verweisungen in der EuMahnVO auf das jeweilige nationale Recht und zwar nicht nur hinsichtlich des Erkenntnisverfahrens (Art. 26 EuMahnVO), sondern auch hinsichtlich der eigentlichen Zwangsvollstreckung (Art. 21 Abs. 1 EuMahnVO). Diese Ver-

66 Eine Überprüfung nach Art. 29 EuMahnVO kommt nur in Ausnahmefällen in Betracht. Der Einspruch ist innerhalb von 30 Tagen nach Zustellung des Zahlungsbefehls einzulegen (vgl. Art. 16 Abs. 2 EuMahnVO).

67 Siehe hierzu *Linke/Hau*, Internationales Zivilverfahrensrecht, Rn. 11.3.

68 Für den Vorzug des Europäischen Mahnverfahrens z.B. *Leible/Freitag*, Forderungsbeitreibung in der EU, Rn. 222; *Gruber*, in: Rauscher, EuZPR/EuIPR, Art. 1 EG-MahnVO Rn. 4 ff.

69 *Wagner*, ZZP 131 (2018), 183 (222).

weisungen liegen durchaus im Interesse der Mitgliedstaaten, denen – im Gegensatz zur Europäischen Kommission – nicht daran lag, das Zivilprozessrecht im größtmöglichen Umfang zu harmonisieren. Dass das Zusammenspiel von Unionsrecht und nationalem Recht nicht immer einfach ist, zeigte allerdings ein Vorabentscheidungsersuchen. In diesem Verfahren hatte der *EuGH* darüber zu entscheiden, ob die EuMahnVO die Anforderungen an einen Antrag auf Erlass eines Europäischen Zahlungsbefehls erschöpfend regelt oder ob es sich dabei um Mindestanforderungen handelt, die durch das jeweilige nationale Recht ergänzt werden können.[70]

Das Verfahren nach der EuMahnVO ist „stark formalisiert".[71] Der Schriftverkehr wird soweit wie möglich formularmäßig abgewickelt. Mit der EuMahnVO blühte daher das Formularwesen in der ziviljustiziellen Zusammenarbeit erst richtig auf. Dadurch wollte man die Rechtsberatungskosten reduzieren. Die formale Verabschiedung der Formulare hatte deren Veröffentlichung im ABl. EG bzw. ABl. EU, und zwar in allen Amtssprachen der Mitgliedstaaten, zur Folge, was Übersetzungskosten einspart und den Zugang zur Justiz erleichtert. Auch diese Vorgehensweise hat sich als Erfolgsmodell erwiesen, sodass auch die EuGFVO und die DurchführungsVO EuKPfVO zahlreiche Formulare zur Verfügung stellen.

2. *Änderungen der Ursprungsfassung der EuMahnVO*

Der Evaluierungsbericht[72] der Europäischen Kommission zur EuMahnVO aus dem Jahre 2015 ist recht gut ausgefallen.[73] Damit in Einklang steht, dass die EuMahnVO mit einer Reform-VO, die auch die EuGFVO betraf, Ende 2015 nur moderat revidiert worden ist.[74] Verordnungen werden nur geändert und nicht neu gefasst, wenn sich die Änderungen in engen Grenzen halten.[75] Änderungsverordnungen enthalten eigene Erwägungsgründe und Änderungsbefehle. Sie erschweren die Arbeit in der Praxis, zumal kei-

---

70 Nach Auffassung des *EuGH*, Urt. v. 13.12.2012, C-215/11 – *Szyrocka*, regelt Art. 7 EuMahnVO die Anforderungen an einen Antrag auf Erlass eines Europäischen Zahlungsbefehls abschließend.

71 *Gruber*, in: Rauscher, EuZPR/EuIPR, Einl. EG-MahnVO Rn. 12 auch zum Folgenden.

72 KOM (2015) 495 endg.

73 *Hess*, Europäisches Zivilprozessrecht, Rn. 10.53

74 *Hess*, Europäisches Zivilprozessrecht, Rn. 10.53; *Mansel/Thorn/Wagner*, IPRax 2017, 1 (4).

75 Siehe hierzu auch *Wagner*, NJW 2016, 1774 (1775).

ne konsolidierten Textfassungen im ABl. EU veröffentlicht werden. Letzteres bleibt den von privater Hand herausgegebenen Textsammlungen vorbehalten.[76]

Neu geregelt in der EuMahnVO wurde durch die Änderungsverordnung insbesondere der Verfahrensfortgang nach Einlegung eines Einspruchs durch den Antragsgegner. Dem Antragsteller wurde in einer solchen Konstellation die Möglichkeit eingeräumt, das Verfahren nicht nur nach dem nationalen Recht, sondern ggf. alternativ im Verfahren über geringfügige Forderungen nach der EuGFVO fortsetzen zu lassen (Art. 17 Abs. 1 EuMahnVO).[77] Darüber hinaus hat man damals die Höhe der Gerichtsgebühren begrenzt (siehe zu den Einzelheiten Art. 25 EuMahnVO).

Dass die Überprüfungsklausel in Art. 32 EuMahnVO seinerzeit nicht geändert worden ist, zeigt, dass es bei den Revisionsverhandlungen keine hoch umstrittenen Aspekte gab, bei denen man sich nicht einigen konnte. Anderenfalls hätte man diese Punkte in irgendeiner Form mit in die Überprüfungsklausel aufgenommen.[78]

V. EuGFVO

1. Ursprungsfassung

Spezielle vereinfachte Gerichtsverfahren mit geringem Streitwert gibt es insbesondere im anglo-amerikanischen Rechtskreis.[79] Damit lässt sich erklären, dass sich seinerzeit insbesondere das Vereinigte Königreich für ein solches Verfahren in der EU stark gemacht hat. Vereinfachte Verfahren werden damit gerechtfertigt, dass der zeitliche Aufwand und die Kosten, die mit dem ordentlichen Zivilverfahren verbunden sind, bei geringen Streitwerten außer Verhältnis stehen.[80]

Wie bereits angedeutet, war die Begeisterung in der Politik an der Schaffung unionsrechtlicher Regelungen in der ziviljustiziellen Zusammenar-

---

76 So sind etwa in der Textsammlung von *Jayme/Hausmann* die Texte der EuMahnVO und der EuGFVO in der aktuellen Fassung und darüber hinaus die Erwägungsgründe aus der Änderungsverordnung abgedruckt (unter Nr. 185 und 186 mit den Erwägungsgründen der Änderungsverordnung im Anhang auf S. 1021 ff.).

77 *Mansel/Thorn/Wagner*, IPRax 2017, 1 (4) auch zum Folgenden.

78 Siehe hierzu unten V.2. das Vorgehen bei der Revision der EuGFVO.

79 *Leible/Freitag*, Forderungsbeitreibung in der EU, Rn. 268.

80 Siehe auch *Varga*, in: Rauscher, EuZPR/EuIPR, Einl. EG-BagatellVO Rn. 2.

beit damals so groß, dass die Brüsseler Verhandlungen zur EuGFVO[81] zeitweise sogar parallel zu den Beratungen zur EuMahnVO geführt worden sind. Dass diese beiden und andere Rechtsinstrumente gleichwohl nicht in allen Fragen kohärent sind, liegt auch daran, dass sich die Mitgliedstaaten in den Arbeitsgruppen vielfach nicht durch dieselben Personen vertreten ließen. Man muss diesen Vertretern zugutehalten, dass ihnen die Parallelregelungen im jeweils anderen Rechtsakt bzw. Projekt durchaus bekannt waren. Dass sie mitunter gleichwohl davon abweichende Regelungen verabschiedet haben, ist also nicht auf die Unkenntnis der Verhandelnden zurückzuführen, sondern – was mitunter gerne übersehen wird – auf das Bemühen, für jeden Rechtsakt die jeweils beste Lösung zu finden.

Politisch brisant in den Verhandlungen zur EuGFVO war wiederum der Versuch der Europäischen Kommission, den innerstaatlichen Rechtsverkehr mit in den Rechtsakt einzubeziehen.[82] Unterstützt vom Rechtsausschuss des Bundestages[83] und von anderen Mitgliedstaaten widersetzte sich die deutsche Bundesregierung diesem Ansinnen unter Berufung auf die Rechtsgrundlage. Wie beim Europäischen Mahnverfahren[84] wurde die Europäische Kommission letztlich „zurückgepfiffen“ und auch der Anwendungsbereich der EuGFVO auf grenzüberschreitende Rechtssachen begrenzt (Art. 2 Abs. 1, Art. 3 EuGFVO). Nachdem die Suche nach einer Definition der grenzüberschreitenden Rechtssachen in den Verhandlungen zur EuMahnVO bereits viel Zeit und Kraft gekostet hatte, hat man die Lösung aus der EuMahnVO im Prinzip in die EuGFVO übernommen. Auf diese Weise hat man es vermieden, die Büchse der Pandora erneut zu öffnen.[85]

Mit dem Verfahren über geringfügige Forderungen hat man auf europäischer Ebene letztlich nicht nur das erste kontradiktorische Erkenntnisverfahren geschaffen,[86] sondern darüber hinaus das Vollstreckbarerklä-

---

81 Siehe auch *Europäische Kommission*, Leitfaden zur Anwendung der Verordnung über das Europäische Mahnverfahren, https://e-justice.europa.eu/fileDownload.do?id=e543b011-5db2-4bae-af2d-13271336d8a6 (abgerufen am 03.11.2021).

82 *Linke/Hau*, Internationales Zivilverfahrensrecht, Rn. 11.18. Siehe zu diesem Fragenkreis auch *Brokamp*, Das Europäische Verfahren für geringfügige Forderungen, S. 16 f.

83 Siehe Beschlussempfehlung und Bericht des Rechtsausschusses des Deutschen Bundestages, BT-Drs. 16/1684, S. 3.

84 Siehe hierzu oben IV.1.

85 Siehe auch *Brokamp*, Das Europäische Verfahren über geringfügige Forderungen, S. 17.

86 *v. Hein/Imm*, IWRZ 2018, 112 (114); *Kropholler/v. Hein*, Europäisches Zivilprozessrecht, Einl. EuGFVO Rn. 2; *Linke/Hau*, Internationales Zivilverfahrensrecht,

rungsverfahren, was aus damaliger Sicht sehr mutig erschien, erstmals für Titel aus einem streitigen Verfahren abgeschafft.[87]

Wie beim Europäischen Mahnverfahren blieben in der EuGFVO nationale „Verfahren“ unberührt (Art. 1 EuGFVO), was zur Beruhigung der Gemüter beitrug. Aus deutscher Sicht war dieser „Vorbehalt“ zwar erforderlich, aber nicht ganz so wichtig wie bei der EuMahnVO, wenngleich § 495a ZPO (Verfahren nach billigem Ermessen) in der Praxis der Amtsgerichte eine nicht zu unterschätzende Rolle spielt.

Es ist zwar erstaunlich, dass man die erforderlichen Regelungen für das neue unionsrechtliche Verfahren über geringfügige Forderungen seinerzeit in lediglich sechzehn Artikeln unterbringen konnte.[88] Dies erklärt aber gleichzeitig, weshalb diese Verordnung nicht nur hinsichtlich des Erkenntnisverfahrens (Art. 19 EuGFVO), sondern – wie in der EuMahnVO[89] – auch hinsichtlich der eigentlichen Zwangsvollstreckung (Art. 21 Abs. 1 EuGFVO) ergänzend auf das nationale Recht verweist.[90]

Die EuGFVO gilt nur für „geringfügige Forderungen“. Der eigentlich zentrale Begriff der „Forderung“ wurde in der Verordnung wohl deshalb nicht definiert, weil man dies nicht für erforderlich hielt. Einigkeit besteht heutzutage darüber, dass die EuGFVO auch bei Forderungen zur Anwendung kommen kann, die nicht auf Zahlung gerichtet sind (*argumentum ex* Art. 5 Abs. 5 EuGFVO).[91] Allerdings scheint bis heute streitig zu sein, ob sich der Anwendungsbereich der Verordnung auch auf Feststellungs- und Gestaltungsklagen erstreckt.[92] Rechtsprechung hierzu ist nicht ersichtlich, sodass dies in erster Linie ein akademisches Problem zu sein scheint.

Die EuGFVO unterscheidet sich von den anderen Rechtsinstrumenten der ziviljustiziellen Zusammenarbeit dadurch, dass sie nur für „geringfügi-

---

Rn. 11.32; siehe auch *Brokamp*, Das Europäische Verfahren für geringfügige Forderungen, S. 1.

87 *Hess/Bittmann*, IPRax 2008, 305 (311); *Jahn*, NJW 2007, 2890 (2891); *Varga*, in: Rauscher, EuZPR/EuIPR, Einl. EG-BagatellVO Rn. 1.

88 Zuständigkeitsregeln blieben gänzlich außen vor. Vgl. *Linke/Hau*, Internationales Zivilverfahrensrecht, Rn. 11.20.

89 Siehe hierzu oben IV.1.

90 Hinsichtlich der Vollstreckung gilt – vorbehaltlich der Vorschriften der Verordnung – das Recht des Vollstreckungsmitgliedstaats (vgl. Art. 21 Abs. 1 EuGFVO).

91 Hierbei wird bspw. an Herausgabeklagen gedacht. Siehe z.B. *Varga*, in: Rauscher, EuZPR/EuIPR, Art. 2 EG-BagatellVO Rn. 3.

92 Bejahend z.B. *Kropholler/v. Hein*, Europäisches Zivilprozessrecht, Art. 2 EuGFVO Rn. 8; *Leible/Freitag*, Forderungsbeitreibung in der EU, Rn. 274. Verneinend *Brokamp*, Das Europäische Verfahren für geringfügige Forderungen, S. 9; *Varga*, in: Rauscher, EuZPR/EuIPR Art. 2 EG-BagatellVO Rn. 3.

ge" Forderungen gilt, was eine Streitwertobergrenze erforderlich machte.[93] Die Festsetzung der Streitwertobergrenze wurde in Brüssel zum Politikum.[94] Dies beruht mit darauf, dass es sich hierbei nicht um ein schwer zu durchdringendes Detailproblem handelte, sondern um eine allgemeine Frage, bei der mitunter schon das jeweilige nationale Recht eine Orientierung gab. Die Europäische Kommission hatte die Streitwertobergrenze in ihrem Verordnungsvorschlag auf 2.000 EUR festgesetzt. Während sich die Bundesregierung für eine Streitwertgrenze von 1.000 EUR einsetzte,[95] warb das Vereinigte Königreich für eine Grenze bei 8.000 EUR.[96] Die Verhandlungen mündeten in einen politischen Kompromiss, der dem Kommissionsvorschlag entsprach und demzufolge bei 2.000 EUR lag (Art. 2 Abs. 1 EuGFVO a.F.).[97]

Das Verfahren nach der EuGFVO wird „vom Grundsatz der Schriftlichkeit geprägt".[98] Die zahlreichen Formulare zur EuGFVO zeichnen sich dadurch aus, dass sie „vorformulierte Texte"[99] enthalten, was das Ausfüllen der Formulare erleichtert.

2. *Änderungen der Ursprungsfassung der EuGFVO*

Der Bericht der Europäischen Kommission[100] aus dem Jahre 2013 zu den praktischen Erfahrungen mit der EuGFVO fiel nicht so positiv wie derjenige zur EuMahnVO aus.[101] Festgestellt wurde, dass von der EuGFVO damals kaum Gebrauch gemacht worden ist.[102] Kritisiert wurden die „unklaren Schnittstellen zu den nationalen Prozessrechten".[103] Vor diesem

---

93 Siehe auch *Varga*, in: Rauscher, EuZPR/EuIPR, Art. 2 EG-BagatellVO Rn. 6.

94 Siehe dazu *Garber*, in: Geimer/Schütze, Europäisches Zivilverfahrensrecht, Art. 2 EuGFVO Rn. 15 ff.

95 Auch hierzu hatte sich der Rechtsausschuss des Deutschen Bundestages positioniert, vgl. BT-Drs. 16/1684, S. 3 f.

96 Siehe zu weiteren Einzelheiten auch *Brokamp*, Das Europäische Verfahren für geringfügige Forderungen, S. 10.

97 Zinsen, Kosten und Auslagen bleiben hierbei unberücksichtigt, vgl. Art. 2 Abs. 1 EuGFVO a.F.

98 *Brokamp*, Das Europäische Verfahren für geringfügige Forderungen, S. 3.

99 Terminologie nach *Schlosser*, in: Schlosser/Hess, EuZPR, vor Art. 1 EuBagVO Rn. 2.

100 KOM (2013) 795 endg.

101 *Linke/Hau*, Internationales Zivilverfahrensrecht, Rn. 11.15.

102 Siehe *Hess*, Europäisches Zivilprozessrecht, Rn. 10.95.

103 Siehe *Hess*, Europäisches Zivilprozessrecht, Rn. 10.95.

Hintergrund ist es nicht verwunderlich, dass die EuGFVO im Jahre 2015 mit der Reform-VO in weitaus stärkerem Maße überarbeitet worden ist als die EuMahnVO.[104]

Die mitunter als zu klägerfreundlich kritisierten[105] damaligen Änderungen in der EuGFVO sollten dazu führen, dass von der EuGFVO in stärkerem Maße Gebrauch gemacht wird.[106] Die Änderungen betrafen eine ganze Reihe von Punkten, z.B. die Zustellungsvorschriften und die Gerichtsgebühren.[107] Größter Streitpunkt in den Verhandlungen war die Frage, inwieweit die Streitwertobergrenze angehoben werden kann.[108] Die Europäische Kommission schlug vor, die Streitwertobergrenze von 2.000 EUR auf 10.000 EUR, d.h. auf das Fünffache anzuheben. Wiederum im Wege eines politischen Kompromisses hat man die Streitwertobergrenze letzten Endes auf 5.000 EUR festgesetzt (Art. 2 Abs. 1 S. 1 EuGFVO).[109] Da sich der Deutsche Bundestag nur mit einer Anhebung der Streitwertobergrenze auf maximal 4.000 EUR einverstanden erklärte, konnte Deutschland damals im Rat der Verabschiedung der Änderungsverordnung nicht stimmen.[110] Im Ergebnis half dies nichts, denn Deutschland fand keine Unterstützung und wurde daher überstimmt.[111]

Mit der Anhebung der Streitoberwertgrenze auf 5.000 EUR scheint in Brüssel allerdings noch immer nicht das letzte Wort gesprochen worden zu sein. Denn die Überprüfungsklausel in der EuGFVO verpflichtet die Europäische Kommission dazu, sich in ihrem bis zum 15. Juli 2022 vorzulegenden Erfahrungsbericht dazu zu äußern, ob eine „weitere Anhebung" der Streitwertobergrenze „angemessen ist", um die Ziele der Verordnung zu erreichen (Art. 28 EuGFVO auch zum Folgenden). Darüber hinaus soll sich die Europäische Kommission in ihrem Bericht insbesondere auch zur

---

104 *Linke/Hau*, Internationales Zivilverfahrensrecht, Rn. 11.15.

105 *Hüßtege*, in: Thomas/Putzo, ZPO, Anhang zu § 1109 ZPO Rn. 3 (unter 3. Reform).

106 *Mansel/Thorn/Wagner*, IPRax 2017, 1 (3); *Wagner*, NJW 2014, 1862 (1863).

107 *Mansel/Thorn/Wagner*, IPRax 2017, 1 (4).

108 Auch zum Folgenden *Wagner*, NJW 2016, 1774 (1775).

109 Zinsen, Kosten und Auslagen bleiben hierbei weiterhin unberücksichtigt, vgl. Art. 2 Abs. 1 EuGFVO.

110 *Kropholler/v. Hein*, Europäisches Zivilprozessrecht, Einl. EuGFVO Rn. 7; *Mansel/Thorn/Wagner*, IPRax 2017, 1 (4) auch zum Folgenden.

111 *Wagner*, NJW 2016, 1774 (1775). Bei den nicht-familienrechtlichen Rechtsinstrumenten der justiziellen Zusammenarbeit wird im ordentlichen Gesetzgebungsverfahren, d.h. mit qualifizierter Mehrheit im Rat und einfacher Mehrheit im Europäischen Parlament, entschieden (vgl. Art. 81 Abs. 2 i.V.m. Art. 294 AEUV).

Einbeziehung der bislang vom Anwendungsbereich der Verordnung ausgenommenen „Gehaltsansprüche" äußern.[112]

Nicht unerwähnt bleiben soll letztlich, dass die Europäische Kommission einen praktischen Leitfaden[113] für das europäische Verfahren für geringfügige Forderungen verfasst hat.[114] Dieser soll als Anreiz dienen, von der EuGFVO häufiger Gebrauch zu machen.

VI. EuKPfVO

Der Verordnungsvorschlag der Europäischen Kommission vom 25. Juli 2011 zur EuKPfVO[115] war letztlich insbesondere eine Reaktion auf die bereits[116] dargelegte Rechtslage nach der Brüssel I-VO. Einem Gläubiger war es damals nämlich unmöglich, den Schuldner mit einer Kontenpfändung aufgrund eines Arrests aus einem anderen Mitgliedstaat zu überraschen.[117] Darüber hinaus wollte man es dem Antragsteller erleichtern, an Informationen über potentiell pfändbare Bankkonten des Schuldners zu gelangen.

Obwohl der Kommissionsvorschlag die genannten Petita aufgriff, stieß er in der Wissenschaft[118] auf ein geteiltes Echo und in der Wirtschaft auf heftige Kritik. Mitunter wurde sogar die Erforderlichkeit des gesamten Projekts bzw. die Kompetenz[119] zum Erlass einer solchen Verordnung in Frage gestellt. Im Übrigen wurde dem Kommissionsvorschlag vornehm-

---

112 Nach Art. 2 Abs. 2 lit. h EuGFVO ist das Arbeitsrecht vom sachlichen Anwendungsbereich der EuGFVO ausgenommen.

113 *Europäische Kommission*, Praktischer Leitfaden für das Europäische Verfahren für geringfügige Forderungen, https://e-justice.europa.eu/fileDownload.do?id=6fa06 4ef-f024-45e5-bb82-1b54d359fbb4 (abgerufen am 03.11.2021).

114 Hierzu *Linke/Hau*, Internationales Zivilverfahrensrecht, Rn. 11.15 (Fn. 116).

115 Siehe oben Fn. 18. Siehe zum Verordnungsvorschlag *Mansel/Thorn/Wagner*, IPRax 2012, 1 (7 f.).

116 Siehe hierzu oben II.2.

117 Siehe zur Ausgangslage und Zielsetzung z.B. *Hess*, Europäisches Zivilprozessrecht, Rn. 10.160; *Linke/Hau*, Internationales Zivilverfahrensrecht, Rn. 15.16; *Lüttringhaus*, ZZP 129 (2016), 187; *Schlauss*, RIW 2017, 205 f.; *Hess*, in: Schlosser/Hess, EuZPR, Art. 5 EuKtPVO Rn. 1.

118 Siehe in diesem Zusammenhang *Linke/Hau*, Internationales Zivilverfahrensrecht, Rn. 15.20 Fn. 6 m.w.N.

119 *Stamm*, in: Leible/Terhechte, Europäisches Rechtsschutz- und Verfahrensrecht, § 31 Rn. 12 zählt die EuKPfVO zum Zwangsvollstreckungsrecht und sieht hierfür keine Kompetenz des Europäischen Gesetzgebers. Siehe auch *Stamm*, IPRax 2014, 124. Für einen Rückgriff auf Art. 81 AEUV für weitere Rechtsakte „im Vollstreckungsrecht" demgegenüber *Hess/Raffelsieper*, IPRax 2015, 46 (52).

lich vorgeworfen, die Interessen des Antragstellers zu sehr in den Vordergrund zu rücken.[120]

Die Verhandlungen waren dadurch geprägt, dass die Mitgliedstaaten vielfach nicht die Spezialisten des Internationalen Zivilverfahrensrechts, sondern die Verantwortlichen des damals noch rein national geprägten Zwangsvollstreckungsrechts nach Brüssel entsandten. In den letztlich erfolgreichen Verhandlungen standen folgende Punkte im Vordergrund:

Erstens hatte die Europäische Kommission sich zwar insofern als lernfähig erwiesen, als sie ihren Vorschlag auf Rechtssachen mit grenzüberschreitendem Bezug begrenzt hatte. Aber gleichwohl gab es hierzu größeren Diskussionsbedarf.[121] Dies kommt auch darin zum Ausdruck, dass die Endfassung der relativ weiten,[122] speziell auf die EuKPfVO zugeschnittenen Definition in Art. 3 EuKPfVO nicht nur vom Kommissionsvorschlag, sondern auch von der Definition der grenzüberschreitenden Rechtssache in der EuMahnVO und der EuGFVO abweicht.

Zweitens befürchteten die Mitgliedstaaten eine zu starke Einschränkung ihres nationalen Rechts. Entgegen den Plänen der Europäischen Kommission hat man im Laufe der Verhandlungen hinsichtlich der Einzelheiten der Kontenpfändung nicht mehr die spezifischen Regelungen der Verordnung in den Vordergrund gerückt, sondern dem nationalen Recht mehr Gewicht verschafft. Die Regelungen der Verordnung kommen nun der Sache nach eher ergänzend zur Anwendung (Art. 23 Abs. 1 EuKPfVO).[123]

Drittens wurden die Verhandlungen in Brüssel darüber hinaus dazu genutzt, die Stellung des Antragsgegners im Vergleich zum Kommissionsvorschlag zu stärken.[124] So kann der Antragsgegner nunmehr etwa geltend machen, dass die Vollstreckung des Kontenpfändungsbeschlusses der öffentlichen Ordnung des Vollstreckungsmitgliedstaats offensichtlich widerspricht (Art. 34 Abs. 2 EuKPfVO).

Mit ihren 54 Artikeln ist die EuKPfVO weitaus umfangreicher ausgefallen als die revidierte EuMahnVO mit 33 Artikeln und die überarbeitete EuGFVO mit 29 Artikeln. Wahrscheinlich ist die EuKPfVO sogar die innovativste aus dem Kreis der hier zu erörternden Verordnungen. Mit der

---

120 Siehe z.B. *Hess/Raffelsieper*, IPRax 2015, 46 (50); *Linke/Hau*, Internationales Zivilverfahrensrecht, Rn. 15.20 Fn. 6 m.w.N.

121 Siehe dazu *Wagner*, ZZP 131 (2018), 183 (208 f.).

122 Die weite Definition begrüßen *Hess/Raffelsieper*, IPRax 2015, 46 (47).

123 *Rauscher/Wiedemann*, in: Rauscher, EuZPR/EuIPR, Art. 1 EU-KPfVO Rn. 6 f.

124 *Mansel/Thorn/Wagner*, IPRax 2015, 1 (5); *Wagner*, IPRax 2021, 1333, (1334). Siehe zu den zusätzlichen „safeguards“ *Hess/Raffelsieper*, IPRax 2015, 46 (47).

EuKPfVO hat der europäische Rechtssetzer in zweifacher Hinsicht Neuland betreten: Zum einen kann sich der Antragsteller mithilfe der Verordnung Informationen über die Konten des Antragsgegners beschaffen (Art. 14 EuKPfVO).[125] Der Mehrwert gegenüber dem nationalen deutschen Recht liegt hierbei insbesondere darin, dass das Verfahren nach der EuKPfVO grundsätzlich ohne Kenntnis des Antragstellers ablaufen kann, wodurch der Überraschungseffekt einer späteren Kontenpfändung gewahrt bleibt.[126] Zum anderen hat die Verordnung einen Europäischen Kontenpfändungsbeschluss geschaffen. Durch einen solchen Beschluss soll die Vollstreckung wegen einer Forderung vorläufig gesichert werden.[127] Zur Wahrung des Überraschungseffekts ergeht der Europäische Kontenpfändungsbeschluss typischerweise ohne Anhörung des Antragsgegners (Art. 11 EuKPfVO);[128] der Antragsgegner wird vorab weder vom Antrag auf Kontenpfändung noch von der Vollstreckung des Europäischen Kontenpfändungsbeschlusses informiert.[129] Der Beschluss ist in den anderen Mitgliedstaaten ohne besonderes Verfahren anzuerkennen und ohne Vollstreckbarerklärung zu vollstrecken (Art. 22 EuKPfVO).

Dass die relativ „junge" EuKPfVO bislang nur wenig genutzt wird,[130] ist möglicherweise mit darauf zurückzuführen, dass diese den Antragsteller unter bestimmten Voraussetzungen zum Schadensersatz verpflichtet (vgl. Art. 13 EuKPfVO).[131] Soweit das nationale Recht keine andere Regelung vorhält (siehe hierzu Art. 13 Abs. 3 EuKPfVO; § 958 ZPO) und der unionsrechtliche Schadensersatzanspruch zum Zuge kommt, setzt dieser ein Ver-

---

125 Siehe zur Konteninformation nach der EuKPfVO z.B. *Hess*, Europäisches Zivilprozessrecht, Rn. 10.140 ff.; *Lüttringhaus*, ZZP 129 (2016), 187 (202 ff.); *Schlauß*, RIW 2017, 205 (207 f.). Zentrale deutsche Auskunftsbehörde ist das Bundesamt für Justiz. Siehe näher auch https://www.bundesjustizamt.de/DE/Themen/Ordnungs_Bussgeld_Vollstreckung/EUKontenpfaendung/EUKontenpfaendung_node.html (abgerufen am 03.11.2021).

126 *Lüttringhaus*, ZZP 129 (2016), 187 (202).

127 *Domej*, Internationale Zwangsvollstreckung und Haftungsverwirklichung am Beispiel der Forderungspfändung, S. 312. Von einem „reinen Sicherungsinstrumentarium" spricht auch *Stamm*, IPRax 2014, 124 im Hinblick auf den Kommissionsvorschlag zur EuKPfVO.

128 *Hess*, in: Schlosser/Hess, EuZPR, vor Art. 1 EuKtPVO Rn. 1; *Schack*, Internationales Zivilverfahrensrecht, Rn. 1166.

129 ErwGr 15 S. 1 EuKPfVO. Siehe auch *Schlauß*, RIW 2017, 205.

130 Zweifel, ob das Rechtsinstrument von der Praxis angenommen wird, äußerte *Stamm*, IPRax 2014, 124 (129) von Anfang an.

131 Siehe hierzu z.B. *Hess/Raffelsieper*, IPRax 2015, 46 (51).

schulden voraus. Wenngleich die Beweislast hierbei beim Schuldner liegt,[132] wird jedoch in zahlreichen Fällen ein Verschulden vermutet.

Letzten Endes war die EuKPfVO für das Vereinigte Königreich am Ende immer noch zu „gläubigerfreundlich“. Anders als zuvor bei den anderen Rechtsinstrumenten des Europäischen Vollstreckungsrechts hat sich das Vereinigte Königreich nämlich (anders als Irland) an der EuKPfVO nicht beteiligt.[133] Der Brexit hatte insoweit keine Auswirkungen. Demgegenüber gelten die drei zuvor erörterten Verordnungen im Vereinigten Königreich und im Verhältnis zu diesem Staat nach dem Brexit noch in einer Reihe von Altfällen fort.[134]

Wege in die Zukunft weist auch bei der EuKPfVO wiederum die Überprüfungsklausel (Art. 54 Abs. 1 EuKPfVO). Hiernach soll die Europäische Kommission am 18. Januar 2022 über die Anwendung der Verordnung berichten. In diesem Bericht soll sie zu zwei Problemkreisen Stellung nehmen. Zum einen geht es um die Frage, ob „Finanzinstrumente in den Anwendungsbereich“ der Verordnung aufgenommen werden sollen. Zum anderen soll die Europäische Kommission prüfen, ob auch Beträge, die nach (!) Ausführung des Europäischen Kontenpfändungsbeschlusses dem Konto des Schuldners gutgeschrieben werden, in die Pfändung mit einbezogen werden könnten. Damit sind Fälle gemeint, in denen sich beim ersten Zugriff nicht genügend Geld auf dem Konto befindet, um dem Europäischen Kontenpfändungsbeschluss in vollem Umfang zu genügen, und danach weitere Gelder auf dem Konto eingehen.

VII. Durchführung der Verordnungen im deutschen Recht

Der deutsche Gesetzgeber hat zu allen vier Verordnungen des Europäischen Vollstreckungsrechts Durchführungsvorschriften verabschiedet. Diese Regelungen waren politisch unumstritten. Die Brisanz lag in den

---

132 *Mansel/Thorn/Wagner*, IPRax 2015, 1 (6).

133 *Mansel/Thorn/Wagner*, IPRax 2015, 1 (5); *Wagner*, NJW 2015, 1796. Siehe auch ErwGr 49 f. EuKPfVO. Der Sonderstatus des Vereinigten Königreichs, der zum *opt in* berechtigte, ergab sich aus Art. 51 EUV i.V.m. Protokoll (Nr. 21) über die Position des Vereinigten Königreichs und Irlands hinsichtlich des Raums der Freiheit, der Sicherheit und des Rechts, ABl. EU C 83 v. 30.03.2010, S. 201 (295).

134 Abkommen über den Austritt des Vereinigten Königreichs Großbrittanien und Nordirland aus der Europäischen Union und der Europäischen Atomgemeinschaft, ABl. EU L 29 v. 31.01.2020, S. 7. Siehe zu diesen Vorschriften im Einzelnen *Wagner*, IPRax 2021, 2 (4 ff.).

zuvor bereits verabschiedeten Verordnungen, die im Nachhinein nicht mehr einseitig geändert werden konnten.

Bis zur EuVTVO sind die Aus- bzw. Durchführungsvorschriften für internationale Rechtsinstrumente mit Vorschriften zur Anerkennung und Vollstreckung im AVAG untergebracht worden. Mit den Durchführungsvorschriften zur EuVTVO hat man mit dieser Tradition gebrochen und diese Regelungen in das 11. Buch der ZPO („Justizielle Zusammenarbeit in der Europäischen Union“) aufgenommen.[135] Der Hauptgrund hierfür lag darin, dass das AVAG im Kern die Vollstreckbarerklärung regelt, welche in den Verordnungen des Vollstreckungsrechts als überflüssig erachtet worden ist.[136] Durch die Aufnahme der Durchführungsvorschriften in die ZPO hat man deren Sichtbarkeit erhöht.[137] Schade und misslich für den Rechtsanwender ist, dass man bei der EuKPfVO aus diesem Konzept wieder ausgebrochen ist.[138] Denn die Durchführungsvorschriften zu dieser Verordnung sind nicht in das 11., sondern in das 8. Buch der ZPO („Zwangsvollstreckung“) eingefügt worden.[139]

VIII. Zusammenfassung

Die vier diskutierten Rechtsinstrumente des Europäischen Vollstreckungsrechts sind in unterschiedlichen Phasen der justiziellen Zusammenarbeit in Zivilsachen entstanden: Die ersten drei Verordnungen sind zu einer Zeit entstanden, als sich die Politik noch von der justiziellen Zusammenarbeit in Zivilsachen begeistern ließ, was sich insbesondere in der Verabschiedung ausgefeilter politischer Programme niederschlug.[140] Demgegenüber fiel die EuKPfVO bereits in eine Zeit, in der die Euphorie in der ziviljustiziellen Zusammenarbeit verflogen war und es in erster Linie noch darum ging, die programmatischen Vorgaben aus früheren Zeiten abzuarbeiten.

---

135 Siehe dazu *Schlosser*, in: Schlosser/Hess, EuZPR, Art. 1 EuVTVO Rn. 14.

136 Siehe *Wagner*, IPRax 2005, 401 (402).

137 *v. Hein/Imm*, IWRZ 2019, 112 (114).

138 Kritisch auch *Hess*, Europäisches Zivilprozessrecht, Rn. 10.125.

139 Siehe auch *Seiler*, in: Thomas/Putzo, ZPO, Vorbemerkung EuKPfVO Rn. 12. Die Aufnahme der Durchführungsvorschriften in das 8. Buch der ZPO wurde mit dem „systematischen Zusammenhang“ dieser Vorschriften „mit dem Zwangsvollstreckungsrecht und dem Arrestverfahren“ begründet (BT-Drs. 18/7560, S. 32), ohne alternativ auch nur die Einstellung dieser Vorschriften in das 11. Buch der ZPO zu erörtern.

140 Siehe hierzu oben I.

Bei der Aushandlung der Rechtsakte des Europäischen Vollstreckungsrechts setzten sich die Mitgliedstaaten vielfach dafür ein, den Anwendungsbereich der Rechtsinstrumente eng und die Einschnitte in das nationale Recht der Mitgliedstaaten in Grenzen zu halten. So etablierte sich in diesem Zeitraum die Beschränkung der Verordnungen auf grenzüberschreitende Rechtssachen, die in den Verordnungen nicht immer einheitlich definiert wurden.[141]

Wichtig für die Mitgliedstaaten war, dass die EuMahnVO, die EuGFVO und die EuKPfVO neben die funktionsäquivalenten nationalen Rechtsinstitute getreten sind, sodass Letztere weiterhin genutzt werden können.

Mit jedem der vier Rechtsakte wurde unionsrechtliches Neuland betreten. Die vier Rechtsakte zeichnen sich zwar alle dadurch aus, dass sie die Vollstreckung ohne vorheriges Vollstreckbarerklärungsverfahren ermöglichen. Sie sind aber gleichwohl nicht aus einem Guss: Nachdem man es in den ersten drei Verordnungen nicht als nötig empfunden hatte, dem Schuldner die Berufung auf den *ordre public* im „umgekehrten Verfahren“ zu ermöglichen, hat man in der EuKPfVO[142] das Ruder herumgerissen und dem Schuldner den *ordre public*-Einwand im Vollstreckungsstaat wieder zugestanden.

Bei allen Verordnungen hat man Gefallen an mehrsprachigen Formularen gefunden. Alle Verordnungen enthalten keine abschließenden Regelungswerke, sondern verweisen vielfach (ergänzend) auf das nationale Recht.

Die mitunter vertretene Auffassung, dass die Wahl des im konkreten Fall am besten geeignetsten Rechtsinstruments des Europäischen Vollstreckungsrechts „leicht zur Qual“ werden kann,[143] teile ich nur insoweit, als dies die Bürgerinnen und Bürger betrifft.[144] Die Rechtsanwaltschaft sollte mit relativ leichtem Aufwand den richtigen Weg finden können.

Die Frage nach der Existenzberechtigung stellt sich, was die zuvor erörterten vier Verordnungen angeht, meines Erachtens nur bei der EuVTVO[145] und dies auch erst, seitdem das Vollstreckbarerklärungsverfah-

141 In der EuVTVO war dies nicht erforderlich. Denn es war von vornherein klar, dass es dort nur darum ging, wie Entscheidungen aus einem Mitgliedstaat in einem anderen Mitgliedstaat vollstreckt werden. Diese Sachverhalte konnten nur den grenzüberschreitenden Rechtssachen zugerechnet werden.

142 Siehe zum *ordre public*-Einwand im Rahmen der EuKPfVO oben VI.

143 *v. Hein/Imm*, IWRZ 2019, 112.

144 Siehe zur Wahl des richtigen Rechtsinstruments z.B. *Wagner*, EWS 2016, 79.

145 Für eine Fortgeltung jedenfalls der EuMahnVO und der EuGFVO z.B. *Schack*, ZVglRWiss 119 (2020), 237 (252).

ren mit der Brüssel Ia-VO abgeschafft worden ist (vgl. Art. 39 Brüssel Ia-VO). Allerdings sind die Vollstreckungsregime dieser beiden Rechtsinstrumente nicht ganz deckungsgleich.[146] Im Übrigen wird es auch in Zukunft darum gehen, die Attraktivität der EuMahnVO, der EuGFVO und der EuKPfVO weiter zu erhöhen[147] und die Digitalisierung auch in diesen Bereichen möglichst noch weiter voranzutreiben.[148]

Literaturverzeichnis

Brokamp, Arno, Das Europäische Verfahren für geringfügige Forderungen, Tübingen 2008.

Domej, Tanja, Internationale Zwangsvollstreckung und Haftungsverwirklichung am Beispiel der Forderungspfändung, Tübingen 2016.

Geimer, Reinhold/Schütze, Rolf A., Europäisches Zivilverfahrensrecht, 4. Aufl., München 2020.

Häcker, Birke, Die geplante EU-Verordnung zur grenzüberschreitenden vorläufigen Kontopfändung, WM 2012, 2180-2186.

v. Hein, Jan, Informierte Entscheidungen in der grenzüberschreitenden Forderungsdurchsetzung – Vorstellung und Ergebnisse eines internationalen Forschungsprojekts, ZVglRWiss 119 (2020), 123-142.

Ders./Imm, Tilman, Grenzüberschreitende Durchsetzung von Forderungen in der EU – Vom Flickenteppich zum System, IWRZ 2019, 112-118.

Hess, Burkhard, Europäisches Zivilprozessrecht, 2. Aufl., Berlin 2021.

Ders./Bittmann, David, Zur Europäischen Mahnverfahrens- und Bagatellverordnung, IPRax 2008, 305-314.

Ders./Raffelsieper, Katharina, Die Europäische Kontenpfändungsverordnung: Eine überfällige Reform zur Effektuierung grenzüberschreitender Vollstreckung im Europäischen Justizraum, IPRax 2015, 46-52.

Jahn, Isabel, Das Europäische Verfahren für geringfügige Forderungen, NJW 2007, 2890-2895.

---

146 Siehe oben III.

147 Dass von diesen Verordnungen noch relativ wenig Gebrauch gemacht wird, ist eine Erklärung dafür, dass es zu diesen Verordnungen bislang relativ wenige Vorabentscheidungsersuchen beim *EuGH* gegeben hat. Siehe zu den jüngeren Entscheidungen des *EuGH* zur Auslegung von Rechtsinstrumenten der justiziellen Zusammenarbeit in Zivilsachen die Jahresberichte von *Wagner*. Zuletzt *Wagner*, NJW 2021, 1926 (1929 ff. m.w.N. zum Vorbericht). In den Rs. C-18/21, C-291/21 und C-393/21 wurden beim *EuGH* jüngst immerhin wieder Verfahren zur Auslegung der EuMahnVO, der EuKPfVO bzw. zur EuVTVO anhängig gemacht.

148 Siehe zu diesem Themenkreis *Eichel*, ZVglRWiss 119 (2020), 220.

Kropholler, Jan/v. Hein, Jan, Europäisches Zivilprozessrecht, 9. Aufl., Frankfurt am Main 2011.

Leible, Stefan/Freitag, Robert, Forderungsbeitreibung in der EU, München 2008.

Ders./Terhechte, Jörg Philipp (Hrsg.), Enzyklopädie Europarecht, Bd. III: Europäisches Rechtsschutz- und Verfahrensrecht, 2. Aufl., Baden-Baden 2021.

Linke, Hartmut/Hau, Wolfgang, Internationales Zivilverfahrensrecht, 8. Aufl., Köln 2021.

Lüttringhaus, Jan D., Die Europäisierung des Zwangsvollstreckungsrechts im Bereich der vorläufigen Kontenpfändung, ZZP 129 (2016), 187-218.

Mansel, Heinz-Peter/Thorn, Karsten/Wagner, Rolf, Europäisches Kollisionsrecht 2011: Gegenläufige Entwicklungen, IPRax 2012, 1-31.

Dies., Europäisches Kollisionsrecht 2014: Jahr des Umbruchs, IPRax 2015, 1-32.

Dies., Europäisches Kollisionsrecht 2016: Brexit ante portas!, IPRax 2017, 1-39.

Dies, Europäisches Kollisionsrecht 2019: Konsolidierung und Multilateralisierung, IPRax 2020, 97-126.

Pohl, Miriam, Die Neufassung der EuGVVO – im Spannungsfeld zwischen Vertrauen und Kontrolle, IPRax 2013, 109-114.

Rademacher, Lukas, Effizienz und Kohärenz bei der grenzüberschreitenden Forderungsdurchsetzung in der EU: 2. Tagung zum Forschungsprojekt „Informed Choices in Cross-Border Enforcement – IC²BE“, Freiburg, 10./11.10.2019, IPRax 2020, 85-86.

Rauscher, Thomas (Hrsg.), Europäisches Zivilprozess- und Kollisionsrecht, Bd. II: EG-VollstrTitelVO, EG-MahnVO, EG-BagatellVO, EU-KPfVO, HProrogÜbk 2005, EG-ZustVO, EG-BewVO, EG-InsVO, 4. Aufl., Köln 2015.

Schack, Haimo, Anerkennungs- und Vollstreckungsversagensgründe im Europäischen Zivilprozessrecht, ZVglRWiss 119 (2020), 237-253.

Ders., Internationales Zivilverfahrensrecht, 8. Aufl., München 2021.

Schlauß, Stefan, Erleichterte grenzüberschreitende Zwangsvollstreckung in der EU durch die zentrale Einholung von Kontoinformationen – Neue Aufgaben beim Bundesamt für Justiz, RIW 2017, 205-208.

Schlosser, Peter/Hess, Burkhard, EU-Zivilprozessrecht, 4. Aufl., München 2015.

Stamm, Jürgen, Plädoyer für einen Verzicht auf den Europäischen Beschluss zur vorläufigen Kontenpfändung – Zehn gute Gründe gegen dessen Einführung, IPRax 2014, 124-129.

Thomas/Putzo, hrsg. v. *Hüßtege, Rainer/Seiler, Christian*, Zivilprozessordnung: Kommentar, 42. Aufl., München 2021.

Wagner, Rolf, Vom Brüsseler Übereinkommen über die Brüssel I-VO zum Europäischen Vollstreckungstitel, IPRax 2002, 75-95.

Ders., Die Aussagen zur justiziellen Zusammenarbeit in Zivilsachen im Haager Programm, IPRax 2005, 66-67.

Ders., Die neue EG-Verordnung zum Europäischen Vollstreckungstitel, IPRax 2005, 189-200.

Ders., Das Gesetz zur Durchführung der Verordnung (EG) Nr. 805/2000 zum Europäischen Vollstreckungstitel – unter besonderer Berücksichtigung der Vollstreckungsabwehrklage, IPRax 2005, 401-410.

Ders., Der Europäische Vollstreckungstitel, NJW 2005, 1157-1160.

Ders., Justizielle Zusammenarbeit in Zivilsachen – quo vadis?, ZEuP 2015, 1-5.

Ders., Die politischen Leitlinien zur justiziellen Zusammenarbeit in Zivilsachen im Stockholmer Programm, IPRax 2010, 97-100.

Ders., Aktuelle Entwicklungen in der europäischen justiziellen Zusammenarbeit in Zivilsachen, NJW 2012, 1333-1338.

Ders., Das neue Programm zur justiziellen Zusammenarbeit in Zivilsachen – Ein Wendepunkt?, IPRax 2014, 469-473.

Ders., Aktuelle Entwicklungen in der justiziellen Zusammenarbeit in Zivilsachen, NJW 2014, 1862-1867.

Ders., Aktuelle Entwicklungen in der justiziellen Zusammenarbeit in Zivilsachen, NJW 2015, 1796-1802.

Ders., Durchsetzung zivilrechtlicher Ansprüche gegen Schuldner mit Wohnsitz im EU-Ausland, EWS 2016, 79-88.

Ders., Aktuelle Entwicklungen in der justiziellen Zusammenarbeit in Zivilsachen, NJW 2016, 1774-1780.

Ders., Grenzüberschreitender Bezug in der justiziellen Zusammenarbeit in Zivilsachen, ZZP 131 (2018), 183-223.

Ders., Zwanzig Jahre justizielle Zusammenarbeit in Zivilsachen, IPRax 2019, 185-200.

Ders., Justizielle Zusammenarbeit in Zivilsachen nach dem Brexit, IPRax 2021, 2-15.

Ders., Aktuelle Entwicklungen in der justiziellen Zusammenarbeit in Zivilsachen, NJW 2021, 1926-1932

Ders./Beckmann, Martina, Beibehaltung oder Abschaffung des Vollstreckbarerklärungsverfahrens in der Brüssel I-Verordnung, RIW 2011, 44-53.

Zerr, Christian, Prozesstaktik bei Arrestverfahren innerhalb Europas nach der Neufassung der EuGVVO, EuZW 2013, 292-297.

Die Erfahrungen der Justiz mit der Europäischen Mahnverordnung

Johanna Richardt

Inhalt

I. Vorbemerkung 41
II. Problemkreise 42
1. Anwendungsbereich – Art der Forderung (Art. 2 EuMahnVO) 42
2. Grenzüberschreitung (Art. 3 EuMahnVO) 43
3. Zuständigkeit (Art. 6 EuMahnVO) 44
III. Resümee 45
1. Schwächen des Verfahrens 45
2. Stärken des Verfahrens 46
IV. Verbesserungsanregungen 47
Literaturverzeichnis 48

I. Vorbemerkung

Das Europäische Mahnverfahren ist ein zusätzliches, selbständiges Verfahren neben dem automatisierten nationalen Mahnverfahren, dem Europäischen Verfahren für geringfügige Forderungen und der Klage. Es besteht aus EU-weit einheitlichen Formularen, die die Anspruchsverfolgung grundsätzlich ohne juristisches Wissen ermöglichen sollen. In Deutschland wird das Europäische Mahnverfahren bisher nur wenig genutzt. Es sind insbesondere Unternehmen, die von diesem Mahnverfahren Gebrauch machen.

Das *AG Wedding* in Berlin ist gem. § 1087 ZPO das ausschließlich zuständige Gericht für das Europäische Mahnverfahren in Deutschland. Im Jahre 2020 wurden beim *AG Wedding* 3.582 Anträge auf Erlass eines Europäischen Mahnbescheids mit 1,75 Rechtspfleger-Pensen bearbeitet.[1] Dies entspricht 2.047 Verfahren pro vollem Rechtspfleger-Pensum. Im Ge-

1 *Amtsgericht Wedding*, Jahresbericht des Mahngerichtsleiters 2020.

gensatz dazu wurden am *AG Wedding* in der Funktion als Zentrales Mahngericht für Berlin-Brandenburg 539.629 Anträge im Rahmen des automatisierten nationalen Mahnverfahrens mit 14,5 Rechtspfleger-Pensen bearbeitet.[2] Dies entspricht 37.216 Verfahren pro vollem Rechtspfleger-Pensum. Demnach ist das nationale Mahnverfahren in Deutschland deutlich stärker verbreitet und können aufgrund des hohen Anteils an Automatisierung mehr Verfahren pro Rechtspfleger bearbeitet werden.

2020 gingen lediglich ca. 10 % der Europäischen Mahnverfahren über den elektronischen Rechtsverkehr ein. Rund 25 % der gesamten Verfahren endeten durch Zurückweisung oder Antragsrücknahme.[3] Die häufigste Ursache war die Unzuständigkeit des angerufenen Mahngerichts. Rund 50 % der beantragten Verfahren endeten mit einem vollstreckbaren Titel.

II. Problemkreise

1. Anwendungsbereich – Art der Forderung (Art. 2 EuMahnVO)

Mit der EuMahnVO können grundsätzlich nur Geldforderungen verfolgt werden. Ferner muss dem Anspruch eine vertragliche Grundlage (Ableitung aus der doppelten Verneinung in Art. 2 Abs. 2 lit. d EuMahnVO), ein Schuldanerkenntnis des Antragsgegners oder eine Forderung aus gemeinsamem Eigentum an unbeweglichen Sachen (z.B. Erstattung Anteil Grundsteuer nach Leistung) zugrunde liegen.

In der Praxis wird zusätzlich auf Schlüssigkeit geprüft, und zwar dahingehend, ob der Vertrag zwischen dem Antragsteller und dem Antragsgegner geschlossen worden ist. Bei der Forderung einer Versicherung gegen einen Unfallverursacher läge lediglich ein Vertrag zwischen Geschädigtem und seiner Versicherung vor. Der Schädiger ist in der Regel nicht Partei bei diesem Vertrag. Somit wäre ein Antrag auf Erlass eines Europäischen Mahnbescheids einer Versicherung gegen einen Unfallverursacher abzulehnen, da die Bedingung des Vertrags in dieser Konstellation nicht erfüllt ist.

Das Vorliegen eines Vertrags ist durch Benennung von Beweismitteln glaubhaft zu machen (z.B. Rechnungsnummer und Rechnungsdatum oder Buchungsnummer und Buchungsdatum). Auch etwa Chatverläufe können für die Glaubhaftmachung ausreichen. Nach der Rechtsprechung des *AG*

---

2 *Amtsgericht Wedding*, Jahresbericht des Mahngerichtsleiters 2020.

3 *Amtsgericht Wedding*, Jahresbericht des Mahngerichtsleiters 2020.

Wedding wird das Bestehen einer vertraglichen Grundlage bereits dann bejaht, wenn langjährige Vertragsbeziehungen vorliegen und in Erwartung einer Gegenleistung Geld überwiesen wird, die Gegenleistung aber ausbleibt.[4]

Art. 2 lit. a und b EuMahnVO schließen einzelne Rechtsgebiete aus, die in eigenen EU-Verordnungen geregelt sind. Es handelt sich um das Güterstandsrecht (EuGüVO bzw. EuPartVO), das Erbrecht (EuErbVO) und das Insolvenzrecht (EuInsVO). Jedoch ist die Abgrenzung im Einzelfall durchzuführen, wie am Beispiel der EuInsVO gezeigt werden kann: Ist der Antragsteller ein Insolvenzverwalter, der ausstehende Forderungen gegen einen Vertragspartner des insolventen Unternehmens eintreiben will, kann ein reguläres Verfahren nach der EuMahnVO durchgeführt werden. Denn in diesem Fall tritt der Insolvenzverwalter als Verwaltungs- und Verfügungsberechtigter des insolventen Forderungsinhabers auf (vgl. § 80 Abs. 1 InsO). Das Insolvenzrecht wird dabei nicht berührt. Ist der Antragsteller hingegen ein Insolvenzverwalter, der den Antragsgegner bspw. als ehemaligen Geschäftsführer in Anspruch nehmen will, so wäre der Antrag auf Erlass eines Europäischen Mahnbescheids zurückzuweisen. Eine Insolvenz kann sich auch erst im laufenden Verfahren herausstellen: Sollte über das Vermögen des Antragsgegners vor Zustellung des Mahnbescheids das Insolvenzverfahren eröffnet werden, kann die Zustellung nicht mehr bewirkt werden. Das Europäische Mahnverfahren wäre zu unterbrechen und der Antragsteller würde vom Mahngericht mit Verweis auf die EuInsVO aufgefordert werden, seine Forderung beim Insolvenzverwalter zur Tabelle anzumelden.

2. *Grenzüberschreitung (Art. 3 EuMahnVO)*

Nach Art. 3 Abs. 1 EuMahnVO liegt eine grenzüberschreitende Rechtssache i.S.d. Verordnung vor, „wenn mindestens eine der Parteien ihren Wohnsitz oder gewöhnlichen Aufenthalt in einem anderen Mitgliedstaat als dem des befassten Gerichts hat."

Diese Formulierung hat den Vorteil, dass auch Drittstaaten beteiligt sein können.[5] Jedoch führt dies gleichzeitig zu Benachteiligungen in einzelnen Konstellationen, wie die nachfolgende Tabelle zeigt.

---

4 *AG Wedding*, Beschl. v. 10.02.2017, 70 b C 6/17, BeckRS 2017, 108421.

5 *Ulrici*, in: MüKoZPO, Art. 3 EG-MahnVO Rn. 2.

Sitz As.	Sitz Ag.	Mahn-gericht	Grenzüber-schreitung innerhalb EU?	Anmerkung
DE	DE	DE	nein	
FR	DE	DE	ja	
DE	UK	DE	nein	Seit 01.01.2021 keine gesetzliche Grundlage (Brexit)
DE	DK	DE	nein	Dänemark ist EU-Mitglied, beteiligt sich aber nicht an der EuMahnVO (vgl. Art. 2 Abs. 3 EuMahnVO)
PL	ES	DE	ja	
PL	CH	DE	ja	
DE	CH	DE	nein	

Somit wäre ein deutscher Antragsteller mit Antragsgegner in einem Drittland wie der Schweiz benachteiligt. Er könnte das Europäische Mahnverfahren weder in Deutschland noch in der Schweiz durchführen. Würde der Antragsteller jedoch in einem anderen Mitgliedstaat leben und mit einem Antragsgegner über eine Gerichtsstandvereinbarung Deutschland festlegen, könnte das Mahnverfahren in Deutschland geführt werden.

3. *Zuständigkeit (Art. 6 EuMahnVO)*

Art. 6 EuMahnVO verweist noch auf die Brüssel I-VO, die inzwischen außer Kraft getreten ist und durch die Brüssel Ia-VO abgelöst wurde.

Die häufigsten Zuständigkeitsbegründungen sind:

- Der (Wohn-)Sitz des Antragsgegners (Art. 4 Brüssel Ia-VO). Hier besteht ein gewichtiger Unterschied im Vergleich zum deutschen Mahnverfahren, bei dem der Sitz des Antragstellers für die Zuständigkeit ausschlaggebend ist (vgl. § 689 Abs. 2. S. 1 ZPO).
- Der Leistungsort (Art. 7 Brüssel Ia-VO).
- Der Belegenheitsort einer Immobilie (Art. 24 Nr. 1 Brüssel Ia-VO).
- Der Wohnsitz des Verbrauchers (Art. 17-19 Brüssel Ia-VO).

Der Wohnsitz des Verbrauchers kann jedoch nur als Zuständigkeitsbegründung angewendet werden, wenn Verbraucher auf Nichtverbraucher bzw. „anderen Vertragspartner“ treffen. Ansonsten würden sich Art. 18 Abs. 1 und Abs. 2 EuMahnVO gegenseitig aushebeln. Der Vorteil an der Verbraucherzuständigkeit ist insbesondere, dass der Europäische Mahnbescheid immer in der Sprache des Verbrauchers ausgestellt wird. Die Verbraucherzuständigkeit kommt nur beim Kauf beweglicher Sachen mit Teilzahlung, bei einem Ratendarlehen und bei Ausrichtung des Geschäfts (z.B. deutschsprachiger Internetauftritt, spezifische Werbung im Land des Verbrauchers) in Betracht (vgl. Art. 17 Abs. 1 EuMahnVO). Treffen jedoch ein Antragsgegner als Verbraucher und die Belegenheit der Immobilie aufeinander, kommt es zur Kollision der Zuständigkeit: Hier ist Art. 6 Abs. 2 EuMahnVO als *lex specialis* vorrangig gegenüber dem Belegenheitsort gemäß Art. 24 Nr. 1 Brüssel Ia-VO anzuwenden. Wenn etwa der Antragsteller ein gewerblicher Vermieter in Frankreich mit Immobilie in Frankreich ist und der säumige Antragsgegner ein Verbraucher mit Wohnsitz in Deutschland ist, muss der Europäische Mahnantrag in Deutschland gestellt werden.

In der Praxis zeigt sich, dass ein Großteil der Antragsteller die für Deutschland ungewöhnliche Zuständigkeit am Sitz des Antragsgegners sowohl im Antragsfeld „3. Begründung der gerichtlichen Zuständigkeit" als auch im Feld „6. Hauptforderung" überliest.

III. Resümee

1. Schwächen des Verfahrens

Trotz einheitlicher Formulare bleiben Sprachbarrieren: Der Antragsteller muss etwaige Beanstandungen in der Sprache des Gerichts beheben. Ein ausländischer Antragsgegner, dem ein Zahlungsbefehl ohne Übersetzung zugestellt wird, hat lediglich die Wahl, den Zahlungsbefehl anzunehmen oder innerhalb einer Woche die Annahmeverweigerung zu erklären. Es gibt z.B. keinen Hinweis auf www.e-justice.eu, wo die Formblätter in den jeweiligen Landessprachen eingesehen werden könnten.

Die Kommunikation mit Zustellern in anderen Mitgliedsstaaten ist trotz einheitlicher Zustellungsformulare häufig erschwert. Selbst wenn die leeren Formulare über die Bestätigung einer (Nicht-)Zustellung mit dem in der Sprache des Empfangsstaats ausgefüllten Zustellauftrag mitgeschickt werden, kommen teilweise mehrseitige handschriftliche Mitteilungen über die (Nicht-)Zustellung in der Sprache des Empfangsstaats zurück. Die Entzifferung von fremdsprachiger Handschrift stellt eine besondere Herausforderung dar. Solange das Europäische Mahnverfahren national noch wenig genutzt wird, können nur wenige Rechtspfleger in diesem Bereich eingesetzt werden. Je weniger Rechtspfleger in diesem Fachbereich arbeiten, desto weniger Fremdsprachen können durch die Bearbeiter abgedeckt werden. Der Einsatz von Übersetzern für die Kommunikation zwischen dem Europäischen Mahngericht und den Zustellern wäre jedoch unökonomisch.

Wenn die europäischen Formulare in Einzelfällen nicht genutzt werden oder widersprüchlich ausgefüllt zurückkommen, bleibt in der Praxis folgender Weg: Der Zusteller kann mehrsprachig um Klarstellung gebeten werden. Dies erfolgt in einem Schreiben auf Deutsch, Englisch und (ausdrücklich als Internetübersetzung gekennzeichnet) in der Sprache des Zustellers. Dieses Verfahren führt bisher schneller zum Erfolg, als die Zentralbehörde im Empfangsstaat um Unterstützung zu ersuchen.

2. *Stärken des Verfahrens*

Das Europäische Mahnverfahren ist grundsätzlich ein schnelles Verfahren, da der Prüfungsumfang des Gerichts gering ist, das Verfahren einstufig ist und auf eine Beweisaufnahme oder Übersetzung fremdsprachiger Nachweise verzichtet wird. Die Verzögerungen werden größtenteils nicht durch das Mahngericht bzw. das Verfahren an sich verursacht, sondern entstehen aufgrund der Mängelbehebung durch den Antragsteller und Zustellungsschwierigkeiten (unvollständige Rückbriefe beim internationalen Einschreiben, nicht abgeholte Einschreiben, langsame Behördenzustellung, falsche Bearbeitung von Zustellungsersuchen).[6]

Das Verfahren ist effizient, da es in Deutschland durch den Rechtspfleger bearbeitet wird und keine zusätzliche nationale Anerkennung des Titels im Vollstreckungsstaaat nötig ist. Es ist für den Antragsteller kostengünstig: Mit einer 0,5 Verfahrensgebühr wird die niedrigste Gerichtsgebühr fällig, oft können Zahlungsbefehle intern kostenlos mit einer Vokabelliste übersetzt werden und für ggf. nötige externe Übersetzung fallen in der Regel lediglich 150 EUR Übersetzungskosten an.[7] Im nationalen Mahnverfahren sind aufgrund der Verfahrensanzahl keine internen Übersetzungen möglich. Externe Übersetzungen kosten häufig doppelt so viel.

Das Verfahren ist einfach, da das Antragsformular abstrakt aufgebaut und überwiegend mit Codes auszufüllen ist, es keinen Anhörungstermin und keine Beweisaufnahme gibt. Grundsätzlich wäre es möglich, den Antrag ohne juristisches Vorwissen und ohne spezielle Software auszufüllen. Die Kenntnis der EuMahnVO und der Brüssel Ia-VO ermöglichen es dem

6 *Fietz*, Das Europäische Mahnverfahren, S. 108.
7 *Fietz*, Das Europäische Mahnverfahren, S. 108.

Antragsteller, „sich Zeit, Kosten und wohl möglich den Eintritt der Verjährung zu ersparen".[8]

Durch die Einstufigkeit hat das Europäische Mahnverfahren einen weiteren Vorteil gegenüber dem nationalen Mahnverfahren: Es besteht keine Gefahr des Wegfalls der Wirkung des Mahnbescheides gemäß § 701 ZPO. Im nationalen Mahnverfahren muss der Vollstreckungsbescheid innerhalb von sechs Monaten nach Zustellung des Mahnbescheids beantragt werden. Bei einer Zustellung im Ausland kann es mitunter vorkommen, dass die Bestätigung über die erfolgte Zustellung erst Monate später beim Mahngericht ankommt. In diesen Fällen würde ein Ablauf der Frist gemäß § 701 ZPO dazu führen, dass trotz wirksamer Zustellung des Mahnbescheids kein Vollstreckungsbescheid erlassen werden könnte.

Dreh- und Angelpunkt aller Bemühungen zur Erlangung eines vollstreckbaren Titels in Europa sind die jeweiligen nationalen Vorschriften zum Zivilprozessrecht. Oft sind sie Teil von komplexen Kodizes, die wegen ihrer vielschichtigen Strukturen auch sinnmachende Änderungen (im Sinne von Anpassungen) zusätzlich erschweren. Hinzu kommt, dass innerhalb der EU-Mitgliedsstaaten eine Tendenz zur Autonomie erkennbar wird. Dies erschwert die Weiterentwicklung des Europäischen Mahnverfahrens.

IV. Verbesserungsanregungen

Die Verweise auf die Brüssel I-VO wären zu aktualisieren, da diese Verordnung bereits außer Kraft getreten ist. Dies betrifft Art. 3 Abs. 2 und Art. 6 EuMahnVO sowie das Formblatt A, Feld 6, „Hauptforderung", dritte Frage zum Vorliegen eines Verbrauchervertrags.

In Formblatt A, Feld 3 „Begründung der gerichtlichen Zuständigkeit" wäre es in der deutschen Übersetzung hilfreich, wenn bei Code 01 Sitz AntragsGEGNER optisch hervorgehoben wäre.

In den Ausfüllhinweisen zu Formblatt A wird Folgendes zur Verzinsung mitgeteilt: Wenn die gesetzliche Verzinsung nach dem Recht des Mahngerichts beantragt wird, muss kein Zinssatz eingetragen werden.[9] Dies ist jedoch für die Antragsprüfung in der Praxis problematisch. In

8 *Fietz*, Das Europäische Mahnverfahren, S. 109.

9 *Europäische Kommission*, Leitfaden zur Anwendung der Verordnung über das Europäische Mahnverfahren, https://e-justice.europa.eu/fileDownload.do?id=e543b011-5db2-4bae-af2d-13271336d8a6 (abgerufen am 03.11.2021), S. 15 f.

Deutschland gibt es mehrere gesetzliche Zinssätze: 4 % (§ 246 BGB) sowie 5 oder 9 Prozentpunkte über dem Basiszinssatz (§ 288 BGB). Häufig ist im Antrag nicht erkennbar, ob ein ausländischer Antragsteller tatsächlich die gesetzliche Verzinsung nach dem Recht des Mahngerichts wünscht oder er von der Anwendbarkeit des eigenen nationalen Rechts ausgeht und die Eintragung eines Zinssatzes vergessen hat. Somit führt diese Angabe im Leitfaden, die der einfachen Antragstellung dienen soll, zwangsläufig zu Rückfragen des Gerichts.

In Formblatt A, Feld 9 „Kosten“ wurde Code 01 mit „Antragsgebühr“ übersetzt. Inhaltlich sind damit Gerichtskosten gemeint, nach Ansicht vieler Rechtsanwälte bezieht sich der Begriff jedoch auf gerichtliche Rechtsanwaltskosten. Hier könnte eine eindeutigere Übersetzung Rückfragen und Belehrungen des Gerichts ersparen.

Das Formblatt A, Feld 11 „Zusätzliche Erklärungen“ ist bisher nicht formatierbar. Die Schriftgröße ist deutlich kleiner als 12. Somit ist die (noch nicht automatisierte) Erfassung erschwert.

Europäische Verfahren könnten deutlich an Effizienz gewinnen, wenn Sprachbarrieren abgebaut würden. Hier wäre zum Beispiel eine allgemeine Akzeptanz von Englisch wünschenswert, ggf. in Kombination mit entsprechenden Fortbildungsangeboten. Auch Fortbildungsangebote für Zustellbehörden in der EU wären hilfreich.

Literaturverzeichnis

Amtsgericht Wedding, Jahresbericht des Mahngerichtsleiters 2020 (unveröffentlicht).

Fietz, Julia, Das Europäische Mahnverfahren, 2020 (unveröffentlicht).

Münchener Kommentar zur Zivilprozessordnung, hrsg. v. *Rauscher, Thomas/Krüger, Wolfgang*, Band 3: §§ 946-1117, 5. Aufl., München 2017.

Herausforderungen bei der Anwendung der Europäischen Mahnverordnung

Robert Magnus

Inhalt

I. Einführung 49
II. Anwendungsbereich 52
1. Sachlicher Anwendungsbereich (Art. 2 EuMahnVO) 52
2. Grenzüberschreitende Rechtssache (Art. 3 EuMahnVO) 54
III. Verfahren für den Erlass des Europäischen Zahlungsbefehls 56
1. Gerichtliche Zuständigkeit 56
2. Gerichtliche Prüfung des Antrags (Art. 8 EuMahnVO) 58
a) Prüfungsgrundlage und Prüfungsmaßstab 58
b) Die Entscheidung des *EuGH* in der Rs. *Bondora* 60
3. Anforderungen an die Zustellung des Europäischen Zahlungsbefehls 63
a) Anforderungen an die Zustellung 63
b) Rechtsbehelfe bei fehlerhafter Zustellung 64
IV. Rechtsbehelfe gegen den Zahlungsbefehl 65
1. Einspruch nach Art. 16 EuMahnVO 65
2. Überprüfung nach Art. 20 EuMahnVO 66
a) Art. 20 Abs. 1 EuMahnVO 67
b) Art. 20 Abs. 2 EuMahnVO 68
V. Vollstreckung des Europäischen Zahlungsbehelfs 69
1. Vereinfachungen gegenüber Vollstreckung nach Brüssel Ia-VO 69
2. Rechtsbehelfe in der Zwangsvollstreckung 70
VI. Fazit 72
Literaturverzeichnis 73

I. Einführung

Die Gründe, warum ein Schuldner eine offene Geldforderung nicht begleicht, sind vielfältig. Es kann sein, dass der Schuldner die Forderung für unberechtigt oder für noch nicht fällig hält. Es kann aber auch sein, dass der Schuldner wegen eines finanziellen Engpasses (momentan) nicht über die Mittel verfügt, die Forderung zu begleichen. Möglicherweise spielt der Schuldner auch einfach auf Zeit und hofft insgeheim darauf, der Gläubiger werde schließlich die Zeit und Mühen für ein gerichtliches Verfahren scheuen und deshalb auf die Durchsetzung der Forderung verzichten und diese verloren geben. Insbesondere für die beiden letzteren Fälle, die in der Praxis einen Großteil der Rechtsstreitigkeiten ausmachen, bedarf es keines aufwendigen gerichtlichen Verfahrens, das auf Wahrheitsfindung mittels Beweisaufnahmen ausgerichtet ist. Erforderlich ist vielmehr ein schneller und effektiver Durchsetzungsmechanismus, der entsprechenden Taktiken eines Schuldners den Boden entzieht und auch gesamtgesellschaftlich zur Erhöhung und Stärkung der Zahlungsmoral beiträgt. In Deutschland hat sich hierfür mit langer historischer Tradition, die sogar bis in das 19. Jahrhundert zurückreicht,[1] das Mahnverfahren etabliert. Anders als es in der ZPO den Anschein hat, ist die Einleitung eines Mahnverfahrens in Deutschland heute der Regelfall und der unmittelbare Antrag auf Eröffnung eines Erkenntnisverfahrens die Ausnahme. So wurden nach den Angaben des Statistischen Bundesamts in Deutschland im Jahr 2020 bei den Amtsgerichten und Landgerichten 1.219.203 Verfahren neu eröffnet, im gleichen Zeitraum aber nicht weniger als 4.447.453 Mahnverfahren eingeleitet.[2] Die Anzahl der Mahnverfahren, wie auch die Anzahl der gesamten streitigen Verfahren, ist allerdings in den letzten Jahren deutlich rückläufig.

Besondere Schwierigkeiten bereitet die Forderungsdurchsetzung, wenn der Schuldner seinen Sitz nicht in Deutschland, sondern im (europäischen) Ausland hat. Gerade für kleinere Geldbeträge lohnt sich der erhebliche Aufwand für eine Prozessführung im Ausland in der Regel nicht und auf eine Durchsetzung der Forderung wird dann häufig aus ganz rationalen Überlegungen verzichtet. Diese Rechtsschutzlücke möchte die EuMahnVO schließen. Sie ist seit dem 12. Dezember 2008 in Deutschland in Kraft. Die bisher erlangte praktische Bedeutung der Verordnung ist in den deutschsprachigen Mitgliedstaaten noch vergleichsweise hoch,[3] was vermutlich daran liegt, dass in Deutschland und Österreich, anders als in vielen europäischen Nachbarstaaten, Mahnverfahren allgemein bekannt sind und eine lange Tradition besitzen. Die Zahlen bewegen sich allerdings auch in Deutschland noch auf sehr niedrigem Niveau. Im Jahr 2019

---

1 Siehe *Helmreich*, Erscheinungsformen des Mahnverfahrens im deutschsprachigen Rechtskreis.

2 Siehe *Statistisches Bundesamt*, Rechtspflege Zivilgerichte 2020, S. 13 und 43.

3 Siehe die Übersicht im Kommissionsbericht, KOM (2015) 495 endg., S. 14 f.

wurden bspw. lediglich 3.577 Anträge beim Zentralen Mahngericht, dem *AG Wedding*, gestellt.[4]

Wie Art. 1 Abs. 2 EuMahnVO ausdrücklich klarstellt, tritt die EuMahnVO zudem nur neben die nationalen Rechtsschutzmechanismen und verdrängt diese nicht etwa. Ein Kläger hat also in Deutschland grundsätzlich die Wahl, ob er ein nationales Mahnverfahren nach §§ 688 ff. ZPO i.V.m. § 32 AVAG einleitet und den Vollstreckungsbescheid anschließend nach der Brüssel Ia-VO im Ausland vollstreckt oder ob er gleich ein Europäisches Mahnverfahren nach der EuMahnVO initiiert. Beide Möglichkeiten treten also unmittelbar in Konkurrenz zueinander und sollen daher im Rahmen dieses Beitrags auch miteinander verglichen und einander gegenübergestellt werden.

Die Europäische Kommission kam in ihrer Evaluation im Jahre 2015 zu dem Ergebnis, dass die Verordnung „im Allgemeinen zuverlässig und zufriedenstellend zu funktionieren scheint“ und „die Bearbeitung unbestrittener Geldforderungen bei grenzüberschreitenden Streitigkeiten allgemein verbessert, vereinfacht und beschleunigt“ habe.[5] Zu einer ähnlichen Einschätzung, die allerdings auch die bisher geringe praktische Bedeutung der Verordnung bemängelt, kam auch eine großangelegte europäische Studie unter der Federführung von *Jan von Hein*.[6] Auch wenn man diese Einschätzung grundsätzlich teilen mag und die EuMahnVO unzweifelhaft an und für sich ein sinnvolles Instrument ist, können bei ihrer Anwendung doch zahlreiche offene Fragen und ungelöste Probleme ausgemacht werden. Ihre Bewältigung stellt mitunter eine erhebliche Herausforderung dar und mindert zugleich die Attraktivität der EuMahnVO insgesamt. Diese noch offenen Fragen und Anwendungsprobleme sollen daher im Folgenden im Fokus stehen.

---

4 *Hess*, Europäisches Zivilprozessrecht, Rn. 10.60 (Fn. 242).

5 KOM (2015) 495 endg., S. 13.

6 Siehe die Zusammenfassung der Ergebnisse durch *v. Hein*, ZVglRWiss 119 (2020), 123 sowie ausführlich den Band *v. Hein/Kruger*, Informed Choices in Cross-Border Enforcement.

II. Anwendungsbereich

1. Sachlicher Anwendungsbereich (Art. 2 EuMahnVO)

Eine Besonderheit des sachlichen Anwendungsbereichs der EuMahnVO besteht darin, dass Forderungen aus außervertraglichen Schuldverhältnissen nach Art. 2 Abs. 2 lit. d EuMahnVO vom Anwendungsbereich der Verordnung grundsätzlich ausgenommen sind. Hierdurch unterscheidet sie sich bspw. von der EuVTVO[7] und der EuGFVO[8], die eine vergleichbare Ausnahme nicht kennen. Auch dem deutschen nationalen Mahnverfahren ist eine entsprechende Einschränkung unbekannt. Umgekehrt finden sich die inhaltlichen Beschränkungen durch § 688 Abs. 2 Nr. 1 und 2 ZPO (überhöhter Zinssatz, Abhängigkeit von einer noch nicht erbrachten Gegenleistung) in der Verordnung nicht. Der Ausschluss von außervertraglichen Forderungen ist nach der Vorstellung des europäischen Rechtssetzers dem Umstand geschuldet, dass außervertragliche Forderungen häufig auf Tatsachenebene umstritten sind und sich auch in ihrer Höhe nicht ohne Weiteres beziffern lassen.[9] Durch ein Europäisches Mahnverfahren könnte hier daher unzulässiger Druck auf den Schuldner aufgebaut werden, eine noch weitgehend ungeklärte und umstrittene Forderung zu begleichen. Wie die langjährigen Erfahrungen mit Mahnverfahren in Deutschland und Österreich zeigen, trägt diese Erwägung einen derart pauschalen Ausschluss deliktischer Forderungen jedoch nicht.[10] Zudem müsste sie, wenn sie denn zuträfe, ja eigentlich in gleicher Weise auch für die EuGFVO greifen. Die Ausnahme hat zudem auch schwierige Abgrenzungen zur Folge. So bemühen sich Literatur und Rechtsprechung schon seit einigen Jahrzehnten darum, Art. 7 Nr. 1 von Art. 7 Nr. 2 Brüssel Ia-VO oder die Rom I-VO von der Rom II-VO klar zu trennen. Der Begriff des außervertraglichen Schuldverhältnisses ist auch in der EuMahnVO autonom auszulegen und grundsätzlich in gleicher Weise zu interpretieren, wie in der Brüssel Ia-VO und der Rom II-VO.[11] Schwierigkeiten bereitet etwa

---

7 Siehe Art. 2 Abs. 2 EuVTVO.

8 Siehe Art. 2 Abs. 2 EuGFVO.

9 *Wolber*, in: BeckOK ZPO, Art. 2 EuMVVO Rn. 8; *M. Stürner*, ZVglRWiss 119 (2020), 143 (150 f.).

10 Kritisch auch *Gruber*, in: Rauscher, EuZPR/EuIPR, Art. 2 EG-MahnVO Rn. 14 f.; *Wolber*, in: BeckOK ZPO, Art. 2 EuMVVO Rn. 8 f.; *Ulrici*, in: MüKoZPO, Art. 2 EG-MahnVO Rn. 1.

11 *Wolber*, in: BeckOK ZPO, Art. 2 EuMVVO Rn. 8; *Ulrici*, in: MüKoZPO, Art. 2 EG-MahnVO Rn. 9.

nach wie vor die Einordnung von Verträgen mit Schutzwirkung für Dritte oder von bereicherungsrechtlichen Ansprüchen im Kontext mit einem vermeintlichen Vertragsschluss.[12]

Unklar erscheint schließlich auch, wie mit Situationen umzugehen ist, in denen ein Anspruch auf vertragliche und außervertragliche Grundlagen gestützt wird (bspw. bei Mangelfolgeschäden oder Schäden an einer Mietsache), die vertraglichen Ansprüche sich aber in dem auf einen Einspruch folgenden Erkenntnisverfahren dann als nicht tragfähig erweisen. Müsste dann der über die deliktischen Anspruchsgrundlagen möglicherweise doch noch erfolgreiche Kläger zumindest die Kosten für das zu Unrecht in Anspruch genommene Mahnverfahren tragen? Zu überlegen ist auch, inwieweit bei mitunter schwierigen Abgrenzungsfragen der Schuldner nach Art. 20 Abs. 2 EuMahnVO gleichwohl geltend machen kann, der Zahlungsbefehl tituliere eine außervertragliche Forderung und sei deshalb offensichtlich zu Unrecht erlassen worden (dazu noch unten D.).

Etwas überraschend fehlt in Art. 2 Abs. 2 EuMahnVO ein Ausschluss der Schiedsgerichtbarkeit,[13] wie er sonst im Europäischen Prozess- und Kollisionsrecht üblich ist (vgl. nur Art. 2 Abs. 2 lit. g EuGFVO). Hintergrund ist wohl, dass eine Schiedseinrede nach dem UNCITRAL Modell Gesetz,[14] das in den meisten Mitgliedstaaten der EuMahnVO umgesetzt wurde, von einer Partei erhoben werden muss. Anderenfalls wird sie vom angerufenen staatlichen Gericht nicht beachtet.[15] Die Parteien können auf ihre Geltung also ohne Weiteres verzichten. Erhebt der Beklagte gegen den Zahlungsbefehl aber keinen Einspruch, kann darin möglicherweise auch ein Verzicht auf die Erhebung einer Schiedseinrede gesehen werden. Auch dies ist allerdings eine noch nicht durch die Rechtsprechung geklärte Rechtsfrage. Gegen eine solche Sichtweise könnte unter anderem die recht kurze Einspruchsfrist sprechen.

---

12 *Wolber*, in: BeckOK ZPO, Art. 2 EuMVVO Rn. 9.1.

13 *Ulrici*, in: MüKoZPO, Art. 2 EG-MahnVO Rn. 6; *Geimer*, in: Zöller, ZPO, Art. 2 EuMahnVO Rn. 1 gehen davon aus, dass schiedsgebundene Forderungen gleichwohl nicht von der EuMahnVO erfasst werden; a.A. *Wolber*, in: BeckOK ZPO, Art. 2 EuMVVO Rn. 14; *Hess*, Europäisches Zivilprozessrecht, Rn. 10.54; *Gruber*, in: Rauscher, EuZPR/EuIPR, Art. 2 EG-MahnVO Rn. 12.

14 *Böckstiegel*, RIW 1984, 670.

15 Siehe in Deutschland § 1032 Abs. 1 ZPO.

2. *Grenzüberschreitende Rechtssache (Art. 3 EuMahnVO)*

Wie in den meisten Verordnungen der sog. „2. Generation“[16] ist der grenzüberschreitende Bezug des streitgegenständlichen Sachverhalts als Anwendungsvoraussetzung der Verordnung ausdrücklich geregelt.[17] Er ist zudem deutlich enger als bspw. in der Brüssel Ia-VO oder in anderen Verordnungen[18] im Europäischen Prozessrecht, die auf eine ausdrückliche Regelung verzichten.[19] Voraussetzung für die Anwendbarkeit der EuMahnVO ist nach Art. 3, dass zumindest eine Partei ihren Wohnsitz oder gewöhnlichen Aufenthalt in einem anderen Mitgliedstaat als dem des befassten Gerichts hat. Diese Beschränkung auf den Wohnsitz oder gewöhnlichen Aufenthalt in einem Mitgliedstaat ist vielfach und völlig zu Recht kritisiert worden.[20] Sie schließt es bspw. aus, dass ein Gläubiger aus einem Drittstaat im Wohnsitzstaat des Schuldners einen Europäischen Zahlungsbefehl beantragt. Auch inländischen Gläubigern steht das Europäische Mahnverfahren nicht offen, selbst wenn sich das wesentliche vollstreckungsfähige Vermögen des Schuldners im Ausland befindet und/oder in dem Mitgliedstaat selbst ein funktionierendes nationales Mahnverfahren nicht existiert. Gerade in der letztgenannten Konstellation waren daher vielfach Versuche zu beobachten, einen Auslandsbezug künstlich dadurch herzustellen, dass die geltend gemachte Forderung an ein ausländisches Inkassounternehmen abgetreten wurde.[21]

Der enge Anwendungsbereich der Verordnung wurde mit Bedenken gegen eine Regelungskompetenz der EU auch für rein inländische Sachver-

16 Siehe dazu *Hess*, Europäisches Zivilprozessrecht, Rn. 1.39.

17 Siehe auch Art. 3 EuGFVO sowie Art. 2 Richtlinie 2008/52/EG des Europäischen Parlaments und des Rates vom 21. Mai 2008 über bestimmte Aspekte der Mediation in Zivil- und Handelssachen, ABl. EU L 136 v. 24.05.2008, S. 3; Art. 2 Richtlinie 2002/8/EG des Rates vom 27. Januar 2003 zur Verbesserung des Zugangs zum Recht bei Streitsachen mit grenzüberschreitendem Bezug durch Festlegung gemeinsamer Mindestvorschriften für die Prozesskostenhilfe in derartigen Streitsachen, ABl. EG L 26 v. 31.01.2003, S. 41. Deutlich weiter ist dagegen die neuere Regelung in Art. 3 EuKPfVO.

18 So etwa auch die Brüssel IIb-VO, die EuGüVO/EuPartVO, die EuUntVO, die EuErbVO und die EuInsVO.

19 Ausführlich zur Anwendungsvoraussetzung des grenzüberschreitenden Bezugs in den verschiedenen Verordnungen *R. Magnus*, ZEuP 2018, 507.

20 *Hess*, Europäisches Zivilprozessrecht, Rn. 10.55; *Linke/Hau*, Internationales Zivilverfahrensrecht, S. 216; *Gruber*, in: Rauscher, EuZPR/EuIPR, Art. 3 EG-MahnVO Rn. 8; teilweise a.A. *Wolber*, in: BeckOK ZPO, Art. 3 EuMVVO Rn. 6.1.

21 KOM (2015) 495 endg., S. 5; *v. Hein*, ZVglRWiss 119 (2020), 123 (132 m.w.N.); *Gruber*, in: Rauscher, EuZPR/EuIPR, Art. 3 EG-MahnVO Rn. 8.

halte begründet.[22] In der Tat sieht auch die heutige Kompetenzgrundlage in Art. 81 Abs. 1 AEUV das Erfordernis eines „grenzüberschreitenden Bezuges" vor.[23] Jedoch hat der *EuGH* in der Rs. *Owusu/Jackson* auch bei einem Bezug des Rechtsverhältnisses ausschließlich zu einem Drittstaat, die Anwendbarkeit der Brüssel I(a)-VO bzw. des EuGVÜ 1968 bejaht.[24] In der Rs. *Schmid/Hertel* hat er dieses Ergebnis, diesmal für die EuInsVO, erneut bekräftigt.[25]

Weiter erscheint es insgesamt deutlich zu kurz gegriffen, den Auslandsbezug ausschließlich an den Wohnsitz oder den gewöhnlichen Aufenthalt der Parteien zu knüpfen und den Streitgegenstand des Verfahrens gänzlich auszublenden.[26] So findet unzweifelhaft die Brüssel Ia-VO, und zwar die ausschließliche Zuständigkeit nach Art. 24 Nr. 1, auch dann Anwendung, wenn der Hamburger A gegen den Berliner B vor dem Landgericht Hamburg als (angeblicher) Eigentümer die Herausgabe eines in Frankreich belegenen Grundstücks verlangt. Der grenzüberschreitende Bezug wird hier nicht durch den Wohnsitz oder Aufenthalt der Parteien vermittelt, sondern über den Streitgegenstand. Zu bedenken ist schließlich, dass über Art. 6 Abs. 1 EuMahnVO die EuMahnVO mit den Zuständigkeitsregelungen der Brüssel Ia-VO verknüpft ist und Inkohärenzen der Anwendungsbereiche deshalb besonders misslich sind. Eine Ausweitung des Anwendungsbereichs der EuMahnVO und eine Anpassung, insbesondere an die Brüssel Ia-Verordnung, erscheint *de lege ferenda* daher sinnvoll und wünschenswert.

Nach herrschender Auffassung muss der grenzüberschreitende Bezug in dem Zeitpunkt vorliegen, in dem der Antrag bei Gericht eingereicht

---

22 *Wolber*, in: BeckOK ZPO, Art. 2 EuMVVO Rn. 14.1 m.w.N. Siehe auch *Hess*, Europäisches Zivilprozessrecht, Rn. 2.14 f.

23 Art. 81 Abs. 1 AEUV: „Die Union entwickelt eine justizielle Zusammenarbeit in Zivilsachen mit grenzüberschreitendem Bezug, die auf dem Grundsatz der gegenseitigen Anerkennung gerichtlicher und außergerichtlicher Entscheidungen beruht. Diese Zusammenarbeit kann den Erlass von Maßnahmen zur Angleichung der Rechtsvorschriften der Mitgliedstaaten umfassen."

24 *EuGH*, Urt. v. 01.03.2005, C-281/02 – *Owusu/Jackson*. Siehe dazu auch *Bruns*, JZ 2005, 890; *Heinze/Dutta*, IPRax 2005, 224.

25 *EuGH*, Urt. v. 16.04.2014, C-328/12 – *Schmid/Hertel*, Rn. 19 ff. Siehe dazu auch *Arts*, IPRax 2014, 390.

26 Siehe dazu *R. Magnus*, ZEuP 2018, 507 (527 ff.).

wird.[27] Fällt er später weg, ist dies unschädlich (*perpetuatio fori*).[28] Eine nachträgliche Heilung durch ein späteres Hinzutreten des Bezugs ist nicht möglich. Bei Streitgenossen genügt es, wenn einer der Streitgenossen seinen Wohnsitz oder gewöhnlichen Aufenthalt in einem anderen Mitgliedstaat hat.[29]

III. Verfahren für den Erlass des Europäischen Zahlungsbefehls

Im Unterschied zum deutschen nationalen Mahnverfahren ist das Europäische Mahnverfahren einstufig ausgestaltet. Es besteht also nur einmal die Möglichkeit, einen Rechtsbehelf einzulegen. Dadurch soll das Verfahren insgesamt beschleunigt werden. Wie die Evaluation der Europäischen Kommission gezeigt hat, wird die vorgesehene Frist von 30 Tagen zwischen Antragseingang und Erlass des Europäischen Zahlungsbefehls aber nur in wenigen Mitgliedstaaten eingehalten.[30] Die Einspruchsfrist von 30 Tagen in Art. 16 Abs. 2 EuMahnVO ist ebenfalls etwas länger als die jeweiligen Fristen im deutschen nationalen Mahnverfahren.[31]

1. Gerichtliche Zuständigkeit

Die EuMahnVO verzichtet darauf, eigene Regelungen für die internationale Zuständigkeit vorzusehen. Vielmehr verweist Art. 6 Abs. 1 EuMahnVO insoweit auf die Regelungen der Brüssel Ia-VO. Ist die Brüssel Ia-VO nicht anwendbar, weil der Beklagte seinen Wohnsitz in einem Drittstaat hat, greifen die nationalen Zuständigkeitsvorschriften (Art. 6 Abs. 1 Brüssel I-VO).[32] Abweichend von Art. 17 Brüssel Ia-VO weitet Art. 6 Abs. 2

---

27 *Junker*, Internationales Zivilprozessrecht, S. 336; *Einhaus*, EuZW 2011, 865 (866); *Wolber*, in: BeckOK ZPO, Art. 3 EuMVVO Rn. 12 f.; *Ulrici*, in: MüKoZPO, Art. 3 EG-MahnVO Rn. 7 f.

28 *Wolber*, in: BeckOK ZPO, Art. 3 EuMVVO Rn. 12; *Ulrici*, in: MüKoZPO, Art. 3 EG-MahnVO Rn. 7; *Gruber*, in: Rauscher, EuZPR/EuIPR, Art. 3 EG-MahnVO Rn. 8.

29 *Gruber*, in: Rauscher, EuZPR/EuIPR, Art. 3 EG-MahnVO Rn. 8; *Ulrici*, in: MüKoZPO, Art. 3 EG-MahnVO Rn. 4; *Wolber*, in: BeckOK ZPO, Art. 3 EuMVVO Rn. 7.

30 KOM (2015) 495 endg., S. 1.

31 Vgl. § 692 Abs. 1 Nr. 3 ZPO und §§ 700, 339 ZPO.

32 *Rauscher*, in: Rauscher, EuZPR/EuIPR, Art. 6 EG-MahnVO Rn. 5; *Ulrici*, in: MüKoZPO, Art. 6 EG-MahnVO Rn. 4.

EuMahnVO den Verbraucherschutz zusätzlich aus. Unabhängig von den situativen Voraussetzungen und einem Ausrichten der Tätigkeit des Unternehmers auf den Wohnsitzstaat des Verbrauchers (vgl. Art. 17 Brüssel Ia-VO), kann ein Verbraucher stets nur in seinem Wohnsitzstaat verklagt werden. Hierdurch soll der erhöhten Missbrauchsgefahr entgegengewirkt werden, die nach Auffassung des Verordnungsgebers mit dem stark formalisierten Mahnverfahren einhergeht.[33] Zudem wird das Gericht von der häufig nicht ganz einfachen Prüfung der Voraussetzungen des Art. 17 Brüssel Ia-VO entbunden. Das unterschiedliche Verbraucherschutzniveau, das dadurch in den verschiedenen Verordnungen zum Europäischen Prozessrecht entsteht, erscheint allerdings wiederum eine unnötige Komplikation. Insbesondere leuchtet es nicht ein, wieso eine ähnliche Regelung zwar auch in der EuVTVO existiert[34], in der EuGFVO aber wiederum fehlt.[35] Für C2C-Anträge gilt Art. 6 Abs. 2 EuMahnVO nach h.M. nicht.[36] Dafür ist die Regelung nach herrschender, aber umstrittener Auffassung auch für Versicherungs- und Arbeitnehmer entsprechend anzuwenden.[37]

Die Einlegung eines Einspruchs gegen den Europäischen Zahlungsbefehl begründet, auch wenn in ihm lediglich materiell-rechtliche Einwendungen angeführt werden, keine rügelose Einlassung des Antragsgegners i.S.d. Art. 24 Abs. 1 Brüssel Ia-VO.[38]

Die sachliche und örtliche Zuständigkeit ist in der EuMahnVO nicht geregelt, sondern richtet sich nach dem nationalen Recht des jeweiligen Mitgliedstaats. In Deutschland sieht § 1087 ZPO eine ausschließliche Zuständigkeit des *AG Wedding* vor. Funktional zuständig ist nach § 20 Nr. 7 RPflG grundsätzlich der Rechtspfleger. Der *EuGH* hat in der Rs. *Imtech Marine Belgium/Radio Hellenic* festgelegt, dass die Ausstellung des Europäischen Vollstreckungstitels nur durch einen Richter erfolgen darf.[39] Für die EuMahnVO gilt Gleiches jedoch nicht, wie bereits ErwGr 16 S. 3 EuMahnVO eindeutig klarstellt. Bei zunehmender Komplexität der Prü-

---

33 *Wolber*, in: BeckOK ZPO, Art. 6 EuMVVO Rn. 6.

34 Art. 6 Abs. 1 lit. d EuVTVO.

35 Kritisch auch *Wolber*, in: BeckOK ZPO, Art. 6 EuMVVO Rn. 4.

36 *Ulrici*, in: MüKoZPO, Art. 6 EG-MahnVO Rn. 9 m.w.N.

37 *Rauscher*, in: Rauscher, EuZPR/EuIPR, Art. 6 EG-MahnVO Rn. 9; *Kropholler/ v. Hein*, Europäisches Zivilprozessrecht, Art. 6 EuMahnVO Rn. 5; *Wolber*, in: BeckOK ZPO, Art. 6 EuMVVO Rn. 11; a.A. *Ulrici*, in: MüKoZPO, Art. 6 EG-MahnVO Rn. 10.

38 *EuGH*, Urt. v. 13.06.2013, C-144/12 – *Goldbet Sportwetten/Sperindeo*. Siehe dazu *Eichel*, GPR 2014, 56.

39 *EuGH*, Urt. v. 17.12.2015, C-300/14 – *Imtech Marine Belgium/Radio Hellenic*.

fung (siehe dazu sogleich) stellt sich freilich sehr wohl die Frage, ob die Entscheidung nicht doch beim Richter besser aufgehoben ist.[40]

2. *Gerichtliche Prüfung des Antrags (Art. 8 EuMahnVO)*

a) *Prüfungsgrundlage und Prüfungsmaßstab*

Das Mahnverfahren schöpft seine Attraktivität daraus, dass es stark formalisiert ist und ohne ein vorgeschaltetes Erkenntnisverfahren in kurzer Zeit und kostengünstig zu einem vollstreckbaren Titel führen kann. Der Antragsteller muss zu diesem Zwecke lediglich vorgefertigte Formulare ausfüllen und das Gericht überprüft vor dem Erlass des Zahlungsbefehls grundsätzlich nur die in den Formularen gemachten Angaben des Antragstellers.

Über den genauen Umfang der gerichtlichen Prüfungspflicht herrscht allerding seit langem Streit. Die Formulierung in Art. 8 EuMahnVO ist bewusst offen bzw. unterschiedlichen Interpretationen zugänglich, um den unterschiedlichen Verfahrensverständnissen in den Mitgliedstaaten Raum zu lassen.[41] Während im vollautomatisierten deutschen Mahnverfahren nur eine Plausibilitätskontrolle durchgeführt wird,[42] findet bspw. in Frankreich[43] aber auch in Österreich[44] grundsätzlich eine vorherige gerichtliche Schlüssigkeitsprüfung statt.

Zwei Themenbereiche sind im Rahmen der gerichtlichen Prüfung umstritten. Zum einen ist unklar, anhand welcher Informationen diese Prüfung zu erfolgen hat und inwieweit das Gericht berechtigt oder sogar verpflichtet ist, seine Informationsbasis eigenständig zu erweitern. Hierzu führt Art. 8 EuMahnVO aus, dass die Prüfung „anhand des Antragsformulars“ zu erfolgen hat. Im Antragsformular muss der Antragsteller nach Art. 7 Abs. 2 lit. d und lit. e EuMahnVO zwar auch den Streitgegenstand angeben und dafür auch den Sachverhalt darstellen und mögliche Beweise benennen. Eine Pflicht, die angegebenen Beweise dem Antrag auch beizu-

---

40 *v. Hein*, ZVglRWiss 119 (2020), 123 (135 f.); *Hess*, Europäisches Zivilprozessrecht, Rn. 10.59 (insbesondere Fn. 240).

41 Siehe dazu *Hess*, Europäisches Zivilprozessrecht, Rn. 10.46 ff.

42 *BGH*, Urt. v. 23.06.2015, XI ZR 536/14, NJW 2015, 3160 (Rn. 26); *Berger*, in: Stein/Jonas, § 691 ZPO Rn. 11 ff.; *Schüler*, in: MüKoZPO § 691 Rn. 15.

43 *Hess*, Europäisches Zivilprozessrecht, Rn. 10.47.

44 Art. 244 Abs. 2 Nr. 4 österreichische ZPO. Siehe auch *Weber/Fucik*, ÖJZ 2008, 829 (831).

fügen, besteht jedoch nicht.[45] Wird zu einem Sachverhaltselement kein Beweismittel benannt oder werden sogar überhaupt keine Beweismittel angegeben, ist der Antrag allein deshalb nach in Deutschland h.M. noch nicht abzuweisen.[46] Offen war allerdings die Frage, inwieweit das Gericht vor dem Erlass des Zahlungsbefehls selbst weitere Informationen zum Sachverhalt und die Vorlage von Beweismitteln verlangen kann.

Äußerst umstritten ist auch der bei der Prüfung anzulegende Maßstab. Art. 8 EuMahnVO sieht vor, dass das Gericht auch prüfen soll, „ob die Forderung begründet erscheint“. Nach Art. 11 Abs. 1 lit. b EuMahnVO ist der Antrag zurückweisen, wenn „die Forderung offensichtlich unbegründet ist“. In § 691 ZPO findet sich für das deutsche Mahnverfahren kein vergleichbares Gebot. Art. 8 S. 2 EuMahnVO weist aber wiederum daraufhin, dass diese Prüfung auch im Rahmen eines automatisierten Verfahrens erfolgen kann. Wann nun ist aber eine Forderung „offensichtlich unbegründet“ oder „erscheint begründet“? Hierzu haben sich im deutschsprachigen Schrifttum im Wesentlichen drei Meinungen etabliert:

Nach einer Auffassung ist, ähnlich wie im deutschen nationalen Mahnverfahren, lediglich eine Plausibilitätskontrolle („eingeschränkte Schlüssigkeitsprüfung“) vorzunehmen.[47] Hierfür sprächen unter anderem die Möglichkeit eines vollautomatisierten Verfahrens und der fehlende Richtervorbehalt (ErwGr 16 S. 3 EuMahnVO). Die Gegenansicht verlangt dagegen eine volle Schlüssigkeitsprüfung und beruft sich dafür unter anderem auch auf ErwGr 16 S. 2 EuMahnVO[48].[49] Eine dritte, seltener vertretene Ansicht

---

45 *Wolber*, in: BeckOK ZPO, Art. 7 EuMVVO Rn. 36; *Rauscher*, in: Rauscher, EuZPR/EuIPR, Art. 6 EG-MahnVO Rn. 11 m.w.N.

46 *Wolber*, in: BeckOK ZPO, Art. 7 EuMVVO Rn. 35.1; *Rauscher*, in: Rauscher, EuZPR/EuIPR, Art. 6 EG-MahnVO Rn. 13; a.A. *Ulrici*, in: MüKoZPO, Art. 7 EG-MahnVO Rn. 16.

47 *Kropholler/v. Hein*, Europäisches Zivilprozessrecht, Art. 8 EuMahnVO Rn. 11; *Hess*, Europäisches Zivilprozessrecht, Rn. 10.65; *Gruber*, in: Rauscher, EuZPR/EuIPR, Art. 11 EG-MahnVO Rn. 12; *Sujecki*, in: Gebauer/Wiedmann, Europäisches Zivilrecht, Art. 8 EuMahnVO Rn. 2; *Voit*, in: Musielak/Voit, ZPO, Vor §§ 1087 ff. Rn. 18 m.w.N.

48 ErwGr 16 S. 1 und 2 EuMahnVO: „Das Gericht sollte den Antrag, einschließlich der Frage der gerichtlichen Zuständigkeit und der Bezeichnung der Beweise, auf der Grundlage der im Antragsformular enthaltenen Angaben prüfen. Dies ermöglicht es dem Gericht, schlüssig zu prüfen, ob die Forderung begründet ist, und unter anderem offensichtlich unbegründete Forderungen oder unzulässige Anträge auszuschließen.“

49 *Hess/Bittmann*, IPRax 2008, 305 (307); *Ulrici*, in: MüKoZPO, Art. 8 EG-MahnVO Rn. 14; ähnlich *Röthel/Sparmann*, WM 2007, 1101 (1106).

lehnt hingegen jegliche inhaltliche Prüfung, die über das korrekte Ausfüllen des Formulars hinausgeht, ab.[50]

b) Die Entscheidung des EuGH *in der Rs.* Bondora

Der *EuGH* hat in der Rs. *Bondora* aus dem Jahre 2019 nunmehr jedoch bestimmt, dass die Gerichte vom Gläubiger weitere Angaben und auch die Vorlage von Unterlagen verlangen können, wenn dieses dazu dient, für den Anspruch relevante Vertragsklauseln von Amts wegen auf ihre eventuelle Missbräuchlichkeit hin zu überprüfen.[51] Hintergrund ist eine lang etablierte Rechtsprechungslinie des *EuGH*, in der er vorschreibt, dass die Überprüfung missbräuchlicher AGB zum Schutze von Verbrauchern von Amts wegen durchzuführen ist.[52] In der Rs. *Banco Español de Crédito/Calederón Camino* hatte der *EuGH* die Pflicht zu einer amtswegigen Überprüfung eventuell missbräuchlicher Klauseln auch auf das Mahnverfahren erstreckt, jedoch die Möglichkeit offen gelassen, diese Prüfung auch erst in einem Verfahren durchzuführen, das sich an einen Einspruch des Verbrauchers anschließt.[53] Voraussetzung wäre, dass dieses Verfahren aufgrund seiner konkreten Ausgestaltung für den Verbraucher einfach zugänglich sei und deshalb nicht eine erhebliche Gefahr bestünde, dass der Verbraucher sich gegen die Entscheidung nicht wehre.[54]

Die Konsequenzen und Fernwirkungen der *Bondora*-Entscheidung sind noch nicht recht absehbar und auch das Echo in der Literatur höchst unterschiedlich, wobei ein kritischer Grundtenor deutlich überwiegt.[55] Für

---

50 *Kodek*, in: FS Rechberger, S. 283 (284); *Kormann*, Das neue Europäische Mahnverfahren im Vergleich zu den Mahnverfahren in Deutschland und Österreich, S. 100.

51 *EuGH*, Urt. v. 19.12.2019, C-453/18 – *Bondora*.

52 Siehe *EuGH*, Urt. v. 26.10.2006, C-168/05 – *Mostaza Clara/Centro Móvil Milenium*; *EuGH*, Urt. v. 04.06.2009, C-243/08 – *Pannon GSM/Sustikné Győrfi*; *EuGH*, Urt. v. 14.06.2012, C-618/10 – *Banco Español de Crédito/Calederón Camino*.

53 *EuGH*, Urt. v. 14.06.2012, C-618/10 – *Banco Español de Crédito/Calederón Camino*.

54 Vgl. *EuGH*, Urt. v. 14.06.2012, C-618/10 – *Banco Español de Crédito/Calederón Camino*, Rn. 54.

55 *Rieländer*, GPR 2020, 55 (62 ff.) geht bspw. von einer Europarechtswidrigkeit nunmehr auch des nationalen deutschen Mahnverfahrens aus; ähnlich auch *Carmona Schneider*, IWRZ 2020, 93 f.; *Ulrici*, EuZW 2020, 196 (197) nimmt die Erforderlichkeit einer umfassenden Schlüssigkeitsprüfung an. Andere sind hingegen zurückhaltender. Siehe *Wolber*, in: BeckOK ZPO, Art. 8 EuMVVO Rn. 34. Siehe auch *Kehrberger*, JZ 2020, 318 (Schritt zur Amtsermittlung).

das Europäische Mahnverfahren steht jedenfalls fest, dass das Gericht eigene Ermittlungen anstellen und dafür auch die Vorlage weiterer Unterlagen verlangen *kann*. Inwieweit und insbesondere unter welchen Voraussetzungen es solche Ermittlungen aus Gründen des Europäischen Verbraucherschutzrechts auch anstellen *muss*, kann nach der Entscheidung des *EuGH* nur gemutmaßt werden.

Die Konsequenzen einer solchen Ermittlungspflicht für das Mahnverfahren sind durchaus erheblich. Wie bereits gesehen,[56] dient die EuMahnVO hauptsächlich der Durchsetzung von vertraglichen Forderungen. Verträge mit Verbrauchern werden aber praktisch immer unter Verwendung von AGB geschlossen. Die vom *EuGH* geforderte amtswegige Klauselkontrolle lässt sich aber nur bei Kenntnis des gesamten Vertragsinhalts seriös durchführen, da einerseits das Gericht nur so überhaupt erst auf möglicherweise problematische Klauseln aufmerksam werden kann und sich andererseits die Missbräuchlichkeit einer bestimmten Klausel möglicherweise erst aus dem Gesamtgefüge des Vertrags ergibt.[57] Eine zwingende Vorlage des gesamten Vertragstexts scheint daher in B2C-Konstellationen bei Annahme einer Ermittlungspflicht unumgänglich. Da die EuMahnVO für rein inländische Konstellationen aber nicht greift und Deutsch zudem auch nicht die typische Sprache des internationalen Handelsverkehrs ist, wird der Vertrag in vielen Konstellationen erst durch eine hierzu befugte Person (vgl. § 1094 ZPO) übersetzt werden müssen. Je nach Umfang des Vertrags würde dies bereits eine erhebliche Hürde darstellen, zu Verzögerungen führen und weitere Kosten produzieren.[58]

Weiter lassen sich Anhaltspunkte, wann eine Klausel missbräuchlich sein könnte, zwar häufig bereits unmittelbar aus der Klausel-Richtlinie[59] entnehmen. Für die eigentliche Prüfung ihrer Missbräuchlichkeit ist dann allerdings doch die Kenntnis der konkreten Umsetzung der Richtlinie in nationales Recht unumgänglich. Das Gericht kann eine AGB-Prüfung auch bei Kenntnis des Vertragstexts daher nur durchführen, wenn es zuvor das auf den Vertrag anwendbare Recht bestimmt.[60] Sowohl die Prüfung der Wirksamkeit einer Rechtswahl als auch das in Verbraucherkonstellationen u.U. gleichwohl anwendbare Günstigkeitsprinzip nach Art. 6 Abs. 2 Rom I-VO können aber zu rechtlich sehr komplexen Überlegungen füh-

56 Siehe oben II.1.

57 *Ulrici*, EuZW 2020, 196 (197).

58 *Ulrici*, EuZW 2020, 196 (197).

59 Richtlinie 93/13/EWG des Rates vom 5. April 1993 über mißbräuchliche Klauseln in Verbraucherverträgen, ABl. EG L 95 v. 21.04.1993, S. 29.

60 *Gruber*, in: Rauscher, EuZPR/EuIPR, Art. 11 EG-MahnVO Rn. 10.

ren[61] und auch weitere Ermittlungen erforderlich machen. Kommt das Gericht zu dem Ergebnis, dass deutsches Recht gar nicht anwendbar ist, müsste theoretisch ein Gutachten zu dem anwendbaren ausländischen Recht im Auftrag gegeben werden. Lässt sich das anwendbare Recht gleichwohl schnell und einfach ermitteln, so kann sich doch die Prüfung der Wirksamkeit der AGB selbst als anspruchsvolle und zeitaufwendige Tätigkeit erweisen, die umfangreiche Recherchen erfordert und möglicherweise auch nicht mit einem eindeutigen Ergebnis endet.

All dieses verträgt sich schlecht bis gar nicht mit den Zielen der EuMahnVO, grenzüberschreitende Verfahren zu vereinfachen und zu beschleunigen und dabei auch die Verfahrenskosten zu verringern.[62] Es bleibt zu hoffen, dass der *EuGH* in Folgeentscheidungen die Reichweite der gerichtlichen Ermittlungspflicht mit Augenmaß präzisiert und insgesamt sehr eng fasst. Überzeugend durchführen lässt sich allein eine reine Plausibilitätskontrolle. Anderenfalls droht das optionale Europäische Mahnverfahren durch Verzögerungen und erhöhte Kosten massiv an Attraktivität zu verlieren und in seiner praktischen Bedeutung noch weiter zu schwinden.

Richtigerweise sollte daher keine pauschale AGB-Prüfungspflicht greifen, sondern eine dahingehende gerichtliche Ermittlungspflicht nur dann ausgelöst werden, wenn aufgrund der Angaben im Antragsformular bereits konkrete Hinweise auf eine mögliche AGB-Widrigkeit der verwendeten Klauseln bestehen.

In der Entscheidung offen geblieben ist auch die Frage, inwieweit sich die vom *EuGH* zur AGB-Kontrolle entwickelten Grundsätze auch auf andere Bereiche des Europäischen Verbraucherschutzrechts übertragen lassen.[63] Greift eine Pflicht zur amtswegigen Ermittlung auch, wenn das Gericht Anhaltspunkte für ein (ausgeübtes) Widerrufsrecht des Verbrauchers oder für Verstöße gegen verbraucherschützende Normen der Verbrauchsgüterkaufrichtlinie[64] (bspw. §§ 475, 477 BGB) hat? Auch insoweit sollte unbedingt darauf geachtet werden, die Prüfung im Antragsverfahren nicht zu überfrachten und dadurch die Zielsetzungen des Verfahrens zu gefährden.

---

61 Siehe dazu *Hau*, in: Wolf/Lindacher/Pfeiffer, AGB-Recht, IntGV, Rn. 59 ff.

62 Vgl. ErwGr 9 EuMahnVO.

63 *Kehrberger*, JZ 2020, 318 (320). Dazu umfassend *Kramme*, Unionsrecht vor Zivilgerichten: Wem dient der Prozess und wie weit reicht die Verfahrensautonomie? (im Erscheinen).

64 Richtlinie 1999/44/EG des Europäischen Parlaments und des Rates vom 25. Mai 1999 zu bestimmten Aspekten des Verbrauchsgüterkaufs und der Garantien für Verbrauchsgüter, ABl. EG L 171 v. 07.07.1999, S. 12.

3. *Anforderungen an die Zustellung des Europäischen Zahlungsbefehls*

a) *Anforderungen an die Zustellung*

Wegen der Ausgestaltung des Verfahrens bis zum Erlass des Europäischen Zahlungsbefehls als einseitiges Antragsverfahren haben die Regelungen über die Zustellung eine besondere Bedeutung für das Grundrecht auf rechtliches Gehör und zudem großes praktisches Gewicht. Erst im Stadium der Zustellung des Europäischen Zahlungsbefehls erhält der Antragsgegner erstmals Kenntnis von dem Verfahren und die Möglichkeit, sich zu verteidigen.[65]

Die Art. 13-15 EuMahnVO definieren deshalb Mindeststandards für die Zustellung des Europäischen Zahlungsbefehls, die weitgehend den Regelungen in Art. 13-15 EuVTVO entsprechen. Die EuMahnVO verzichtet, anders als die EuGFVO,[66] darauf, ein eigenes Zustellungsverfahren zu schaffen. Die Umsetzung dieser Maßgaben in Deutschland erfolgte durch § 1089 ZPO. Für Zustellungen im Inland gelten danach die §§ 166 ff. ZPO (Zustellung von Amts wegen), wobei öffentliche Zustellungen nach den §§ 185 ff. ZPO ausgeschlossen sind (vgl. ErwGr 19 S. 2 EuMahnVO).[67] Für Zustellungen in anderen Mitgliedstaaten greift die EuZustVO, die unter Beachtung der Mindeststandards in Art. 13-15 EuMahnVO angewendet werden muss. Auch Art. 8 Abs. 1 EuZustVO ist insoweit anwendbar und gebietet, dass sowohl der Europäische Zahlungsbefehl als auch der ihm beigefügte Antrag in der Amtssprache des Zustellungsorts oder in einer Sprache abgefasst sind, die der Empfänger versteht.[68] Ist dieses nicht der Fall und wurde der Empfänger auch nicht über sein Recht, die Annahme des Schriftstücks deswegen zu verweigern, durch das entsprechende Formular belehrt, ist die Zustellung unwirksam und löst nicht den Lauf der Einspruchsfrist nach Art. 16 EuMahnVO aus.[69]

---

65 *EuGH*, Urt. v. 06.09.2018, C-21/17 – *Catlin Europe/Trans Praha*, Rn. 44 f.

66 Vgl. Art. 13 EuGFVO.

67 ErwGr 19 EuMahnVO: „Wegen der Unterschiede im Zivilprozessrecht der Mitgliedstaaten, insbesondere bei den Zustellungsvorschriften, ist es notwendig, die im Rahmen des Europäischen Mahnverfahrens anzuwendenden Mindestvorschriften präzise und detailliert zu definieren. So sollte insbesondere eine Zustellungsform, die auf einer juristischen Fiktion beruht, im Hinblick auf die Einhaltung der Mindestvorschriften nicht als ausreichend für die Zustellung eines Europäischen Zahlungsbefehls angesehen werden."

68 *EuGH*, Urt. v. 06.09.2018, C-21/17 – *Catlin Europe/Trans Praha.*

69 *EuGH*, Urt. v. 06.09.2018, C-21/17 – *Catlin Europe/Trans Praha.*

b) Rechtsbehelfe bei fehlerhafter Zustellung

Der *EuGH* hat in der Rs. *eco cosmetics/Dupuy* festgestellt, dass der Fall einer nicht erfolgten oder fehlerhaften Zustellung von dem Rechtsbehelfssystem der EuMahnVO nicht erfasst sei und deshalb außerhalb ihres Regelungsbereichs liege.[70] Die von der ganz herrschenden und auch überzeugenden Ansicht im deutschen Schrifttum erwogene analoge Anwendung des Art. 20 EuMahnVO[71] hat der *EuGH* dagegen ohne jegliche Begründung abgelehnt.[72]

Die möglichen Rechtsbehelfe richten sich folglich nach unvereinheitlichtem nationalen Recht, was eine unglückliche und schwer übersehbare Rechtszersplitterung zur Folge hat und dem Vereinheitlichungsgedanken der EuMahnVO entgegenläuft.[73] Gerade für diesen praktisch überaus wichtigen Fall[74] werden ausländische Schuldner daher in der Regel doch gezwungen, einen inländischen Rechtsanwalt zu beauftragen, der sich auch in dem nationalen Rechtbehelfssystem zurechtfindet.[75]

In Deutschland wurde zu diesem Zweck § 1092a ZPO eingeführt. Diese Vorschrift sieht vor, dass bei fehlender oder fehlerhafter Zustellung, die die Mindestvorgaben der EuMahnVO nicht beachtet, innerhalb eines Monats nach Kenntniserlangung die Aufhebung des Europäischen Zahlungsbefehls verlangt werden kann. Diese Vorschrift ist im Schrifttum scharf kritisiert worden und weist in der Tat erhebliche Mängel auf.[76] Zum einen entfaltet der Europäische Zahlungsbefehl erst mit seiner Vollstreckbarerklärung nach Art. 18 EuMahnVO praktische Rechtswirkungen und kann dann auch nicht mehr mit einem Einspruch nach Art. 16 EuMahnVO angegriffen werden. Die Schaffung eines weiteren nationalen Rechtsbehelfs durch § 1092a Abs. 1 ZPO auch schon für diese Phase ist weder sinnvoll,

---

70 *EuGH*, Urt. v. 04.09.2014, C-119/13 – *eco cosmetics/Dupuy*.

71 *Gruber*, in: Rauscher, EuZPR/EuIPR, Art. 20 EG-MahnVO Rn. 37 ff.; *Schlosser/Hess*, Art. 20 EuMahnVO Rn. 2; *Kropholler/v. Hein*, Europäisches Zivilprozessrecht, Art. 20 EuMahnVO Rn. 6, 11; *Pernfuß*, Die Effizienz des Europäischen Mahnverfahrens, S. 321; *Röthel/Sparmann*, WM 2007, 1101 (1107); *Nagel/Gottwald*, Internationales Zivilprozessrecht, Rn. 14.76.

72 *EuGH*, Urt. v. 04.09.2014, C-119/13 – *eco cosmetics/Dupuy*, Rn. 44.

73 Zu Recht kritisch *Sujecki*, EuZW 2014, 917; *Hess/Raffelsieper*, IPRax 2015, 401 (402); *Linke/Hau*, Internationales Zivilverfahrensrecht, S. 218.

74 Siehe die Statistik bei *Hess/Raffelsieper*, IPRax 2015, 401 (402).

75 *Sujecki*, EuZW 2014, 917 (918).

76 *Ulrici*, in: MüKoZPO, § 1092a Rn. 4 („verunglückt"); *Thode*, in: BeckOK ZPO, § 1092a Rn. 8 ff.; ausführlich *Ulrici*, EuZW 2017, 367.

noch europarechtlich zulässig.[77] Unklar ist ferner, ob der Rechtsbehelf nur dann greifen soll, wenn gegen die Mindeststandards der Art. 13-15 EuMahnVO verstoßen wurde oder auch dann, wenn nur die Vorschriften des daneben anwendbaren nationalen Zustellungsrechts oder der EuZustVO verletzt wurden.[78] Als europarechtswidrig kritisiert wird auch die in § 1092a Abs. 1 S. 2 ZPO vorgesehene Monatsfrist und insbesondere ihr einsetzender Beginn bereits mit der Möglichkeit einer Kenntniserlangung.[79] Eine europarechtskonforme Auslegung scheint hier aber noch durchaus möglich. Weitere Klarstellungen und insbesondere eine Streichung des Abs. 1 wären aber gleichwohl sinnvoll.

IV. Rechtsbehelfe gegen den Zahlungsbefehl

1. Einspruch nach Art. 16 EuMahnVO

Nach der Zustellung des Europäischen Zahlungsbefehls kann der Antragsgegner gem. Art. 16 EuMahnVO innerhalb von 30 Tagen Einspruch gegen den Zahlungsbefehl einlegen. Der Einspruch muss nicht begründet werden (Art. 16 Abs. 3 EuMahnVO). Auch das dem Zahlungsbefehl beigefügte Formular kann, muss aber nicht verwendet werden.[80] Nach ordnungsgemäßer Einlegung des Einspruchs, endet das Europäische Mahnverfahren und das Verfahren wird, sofern nicht der Antragssteller ausdrücklich die Beendigung des Verfahrens nach Einspruch beantragt hat, entweder als Verfahren nach der EuGFVO oder als „normales" Erkenntnisverfahren nach dem nationalen Prozessrecht weitergeführt. Die Einzelheiten regelt Art. 17 EuMahnVO i.V.m. der deutschen Umsetzungsvorschrift in § 1090 ZPO. Der Antragssteller muss demnach im Anschluss an den Einspruch das Gericht bezeichnen, das für das streitige Verfahren international, sachlich und örtlich zuständig ist. Kommt der Antragsteller dieser Aufforderung innerhalb einer angemessenen Frist nicht nach, wird der Europäische Zahlungsbefehl aufgehoben und das Verfahren beendet. Diese Regelung

---

77 *Thode*, in: BeckOK ZPO, § 1092a ZPO Rn. 10.

78 Für Letzteres *Ulrici*, in: MüKoZPO, § 1092a Rn. 8; *Thode*, in: BeckOK ZPO, § 1092a Rn. 16.

79 *Ulrici*, EuZW 2017, 367 (371); *Ulrici*, in: MüKoZPO, § 1092a Rn. 6, 13 und 18; *Thode*, in: BeckOK ZPO, § 1092a Rn. 21.

80 *Wolber*, in: BeckOK ZPO, Art. 16 EuMVVO Rn. 3.

in § 1090 Abs. 1 ZPO ist nach zutreffender, aber umstrittener Ansicht auch europarechtskonform.[81]

Wird die Frist für die Erhebung des Einspruchs versäumt, findet eine Wiedereinsetzung in den vorigen Stand nach nationalem Prozessrecht (in Deutschland: §§ 233 ff. ZPO) nicht statt.[82] Vielmehr greift für diese Fälle die verordnungseigene Sonderregelung in Art. 20 Abs. 1 EuMahnVO.

2. *Überprüfung nach Art. 20 EuMahnVO*

Art. 20 EuMahnVO ist ein grundsätzlich abschließend geregelter europäisch-autonomer Rechtsbehelf.[83] Art. 20 Abs. 1 EuMahnVO bietet dabei eine der Wiedereinsetzung in den vorigen Stand vergleichbare Möglichkeit, den Europäischen Zahlungsbefehl für nichtig erklären zu lassen, wenn die rechtzeitige Einlegung eines Einspruchs durch den Antragsgegner unverschuldet versäumt wurde.[84] Wurde der Europäische Zahlungsbefehl „offensichtlich zu Unrecht erlassen", kann der Antragsgegner ihn ebenfalls, diesmal über Art. 20 Abs. 2 EuMahnVO, für nichtig erklären lassen. Gemeint sind hier Fälle, bei denen auch im deutschen Recht eine Rechtskraftdurchbrechung in Betracht käme, etwa bei einem Nichtigkeits- oder Restitutionsgrund (§§ 579, 580 ZPO) oder bei einer Klage auf Herausgabe des Titels wegen Prozessbetrugs nach § 826 BGB.[85] Art. 20 EuMahnVO verdrängt als abschließende europäische Regelung daher auch diese Rechtsbehelfe des autonomen deutschen Rechts.[86]

Die Rechtsfolge eines erfolgreichen Antrags nach Art. 20 EuMahnVO ist jeweils die Aufhebung des Europäischen Zahlungsbefehls. Eine Überleitung in ein streitiges Verfahren findet nicht statt. Dies bringt § 1092 Abs. 3 ZPO auch klar zum Ausdruck.[87]

---

81 *Gruber*, IPRax 2017, 259 (261 f.). Vgl. auch *EuGH*, Urt. v. 10.03.2016, C-94/14 – *Flight Refund/Deutsche Lufthansa*; a.A. *Ulrici*, in: MüKoZPO, § 1090 Rn. 5.

82 Ausdrücklich klargestellt durch § 1092 Abs. 4 ZPO.

83 *Gruber*, in: Rauscher, EuZPR/EuIPR, Art. 20 EG-MahnVO Rn. 7.

84 *Nagel/Gottwald*, Internationales Zivilprozessrecht, Rn. 14.81; *Gruber*, in: Rauscher, EuZPR/EuIPR, Art. 20 EG-MahnVO Rn. 2.

85 *Nagel/Gottwald*, Internationales Zivilprozessrecht, Rn. 14.82.

86 *Gruber*, in: Rauscher, EuZPR/EuIPR, Art. 20 EG-MahnVO Rn. 12.

87 *Nagel/Gottwald*, Internationales Zivilprozessrecht, Rn. 14.83; *Sujecki*, in: Gebauer/Wiedmann, Europäisches Zivilrecht, Art. 20 EuMahnVO Rn. 7.

a) Art. 20 Abs. 1 EuMahnVO

Art. 20 Abs. 1 EuMahnVO enthält wiederum zwei Fallgruppen, wobei lit. a den Spezial- und lit. b den Auffangtatbestand enthält. Lit. a hat zwei kumulativ zu erfüllende Voraussetzungen: Zum einem muss der Europäische Zahlungsbefehl dem Antragsgegner in einer Form des Art. 14 EuMahnVO zugestellt worden sein, ihn also insbesondere nicht persönlich ausgehändigt, sondern etwa im Briefkasten oder bei einer Behörde hinterlegt worden sein. Zum anderen muss die Zustellung so spät erfolgt sein, dass der Antragsgegner ohne sein Verschulden an den Vorkehrungen für seine Verteidigung gehindert ist. Die zweite Voraussetzung wurde aus Art. 19 EuVTVO übernommen, macht aber im Kontext des Mahnverfahrens aus mehreren Gründen keinen Sinn. Sie ist hier richtigerweise so zu verstehen, dass der Antragsgegner trotz vorheriger Zustellung vom Europäischen Zahlungsbefehl unverschuldet erst so spät Kenntnis erlangt hat, dass er nicht mehr in der Lage war, rechtzeitig den Einspruch zu erheben.[88]

Nach lit. b muss der Antragsgegner aufgrund höherer Gewalt oder außergewöhnlicher Umstände ohne eigenes Verschulden verhindert gewesen sein, rechtzeitig Einspruch einzulegen. Hierbei handelt es sich um einen eng auszulegenden Ausnahmetatbestand, der etwa bei Umweltkatastrophen oder einem plötzlich eintretenden längerer Krankenhausaufenthalt des Antragsgegners erfüllt ist. Eine fehlerhafte Fristberechnung durch den beauftragten Rechtsanwalt ist nach Ansicht des *EuGH* jedenfalls kein solch außergewöhnlicher Umstand.[89]

Ein Verschulden des gesetzlichen oder gewillkürten Vertreters steht dem eigenen Verschulden des Antragsgegners grundsätzlich gleich.[90] Der konkrete Verschuldensmaßstab und die Reichweite einer Zurechnung des Verhaltens von Hilfspersonen ist autonom durch den *EuGH* noch zu bestimmen. So ist etwa unklar, inwieweit den Antragsgegner bei (vorsätzlich) versäumter Weiterleitung durch eigenes Personal oder bei fehlender Leerung des Briefkastens trotz längerfristiger Abwesenheit eine Organisationspflichtverletzung trifft.[91] Ebenfalls noch nicht geklärt ist, ob dem

---

88 *Gruber*, in: Rauscher, EuZPR/EuIPR, Art. 20 EG-MahnVO Rn. 18; *Wolber*, in: BeckOK ZPO, Art. 20 EuMVVO Rn. 9.

89 *EuGH*, Beschl. v. 21.03.2013, C-324/12 – *Novontech-Zala/Logicdata Electronic & Software*.

90 *Wolber*, in: BeckOK ZPO, Art. 20 EuMVVO Rn. 13; *Ulrici*, in: MüKoZPO, Art. 20 EG-MahnVO Rn. 17. Vgl. auch *EuGH*, Beschl. v. 21.03.2013, C-324/12 – *Novontech-Zala/Logicdata Electronic & Software.*

91 *Gruber*, in: Rauscher, EuZPR/EuIPR, Art. 20 EG-MahnVO Rn. 19 ff.

Antragsgegner, anders als nach deutschem Recht,[92] auch Versäumnisse des anwaltlichen Hilfspersonals zugerechnet werden.

b) Art. 20 Abs. 2 EuMahnVO

Der Europäische Zahlungsbefehl ist zudem aufzuheben, wenn er „offensichtlich zu Unrecht erlassen“ wurde. Diese Offensichtlichkeit kann sich dabei entweder mit Blick auf die durch das Gericht nach Art. 8 EuMahnVO zu prüfenden Voraussetzungen ergeben (es liegt bspw. kein grenzüberschreitender Bezug vor oder es wird eine rein deliktische Forderung geltend gemacht) oder aufgrund anderer außergewöhnlicher Umstände (etwa (bewusst) falscher Angaben im Antragsformular)[93] ergeben. In der Rs. *Thomas Cook Belgium/Thurner Hotel* hat der *EuGH* entschieden, dass ein unterbliebener Hinweis auf eine Gerichtsstandvereinbarung im Antragsformular und eine deshalb fehlende Berücksichtigung dieser Vereinbarung bei der gerichtlichen Zuständigkeitsprüfung keine Aufhebung des Europäischen Zahlungsbefehls nach Art. 20 EuMahnVO rechtfertigen.[94] Daran wird deutlich, dass zu Recht nicht jede unvollständige oder fehlerhafte Ausfüllung des Antragsformulars nach Art. 20 Abs. 2 EuMahnVO eine Aufhebung des Europäischen Zahlungsbefehls nach sich zieht, sondern dass die Fallgruppe der „außergewöhnlichen Umstände“ hier eng gefasst und auf Fälle des Prozessbetrugs oder des sonstigen Rechtsmissbrauchs beschränkt werden muss.[95]

Geht ein rechtzeitig abgesendeter Einspruch bei der Post verloren oder wegen langer Laufzeiten zu spät bei Gericht ein, soll Art. 20 Abs. 2 EuMahnVO nach der herrschenden Meinung im deutschen Schrifttum analog angewendet werden.[96] Ob der *EuGH* dieses auch so sieht, ist allerdings aufgrund seiner Entscheidung in der Rs. *eco cosmetics/Dupuy* zweifel-

---

92 *BGH*, Beschl. v. 21.02.2002, IX ZA 10/01, NJW 2002, 2180; *BGH*, Beschl. v. 14.02.2006 – VI ZB 44/05, NJW 2006, 1521; *Toussaint*, in: MüKoZPO, § 85 Rn. 16.

93 Siehe ErwGr 25 S. 4 EuMahnVO.

94 *EuGH*, Urt. v. 22.10.2015, C-245/14 – *Thomas Cook Belgium/Thurner Hotel*; zustimmend *Roth*, IPRax 2017, 63.

95 *Roth*, IPRax 2017, 63 (64); *Gruber*, in: Rauscher, EuZPR/EuIPR, Art. 20 EG-MahnVO Rn. 50 ff.

96 *Gruber*, in: Rauscher, EuZPR/EuIPR, Art. 16 EG-MahnVO Rn. 12; *Wolber*, in: BeckOK ZPO, Art. 16 EuMVVO Rn. 14, Art. 20 Rn. 21; *Kropholler/v. Hein*, Europäisches Zivilprozessrecht, Art. 16 EuMahnVO Rn. 6.

haft.[97] Ggf. müsste der Rechtsbehelf nach § 1092a ZPO im deutschen nationalen Recht entsprechend erweitert werden.

V. Vollstreckung des Europäischen Zahlungsbehelfs

1. Vereinfachungen gegenüber Vollstreckung nach Brüssel Ia-VO

Die EuMahnVO enthält auch eigenständige Regelungen für die Vollstreckung des Europäischen Zahlungsbefehls. Sie haben den Zweck, die Vollstreckung des Titels insbesondere gegenüber der Brüssel Ia-VO weiter zu vereinfachen und zu beschleunigen. Mit der Aufhebung des Exequaturverfahrens auch in der Brüssel Ia-VO ist allerdings ein wichtiger Unterschied bereits entfallen.[98]

Vorteile für den Europäischen Zahlungsbefehl bestehen also vor allem darin, dass die dem Vollstreckungsauftrag zwingend beizufügenden Unterlagen durch Art. 21 EuMahnVO abschließend festgelegt werden und die Übersetzung fremdsprachlicher Dokumente wegen der durch die EuMahnVO verwendeten Formulare in der Regel schneller und günstiger durchgeführt werden kann. Zudem sind die Gründe, aufgrund derer eine Vollstreckung des Titels nach einem entsprechenden Antrag des Schuldners verweigert werden darf, in Art. 22 EuMahnVO deutlich enger als in Art. 45 f. Brüssel Ia-VO. Weder rechtfertigt eine Verletzung von Zuständigkeitsvorschriften eine Verweigerung der Vollstreckung,[99] noch existiert in der EuMahnVO ein vollstreckungsrechtlicher *ordre public*-Vorbehalt.[100] Lediglich das Hindernis der Unvereinbarkeit des Europäischen Zahlungsbefehls mit einer früheren Entscheidung findet sich in abgewandelter und deutlich restriktiverer Form auch in Art. 22 Abs. 1 EuMahnVO. Keine Entsprechung in der Brüssel Ia-VO hat hingegen der nach Art. 22 Abs. 2 EuMahnVO zulässige Einwand, dass der nach dem Europäischen Zahlungsbefehl geschuldete Betrag bereits an den Gläubiger gezahlt wurde. Im Regime der Brüssel Ia-VO muss dieser Einwand mittels einer Vollstreckungsabwehrklage geltend gemacht werden (vgl. §§ 1117, 795 S. 1, 767 ZPO).[101]

---

97 *EuGH*, Urt. v. 04.09.2014, C-119/13 – *eco cosmetics/Dupuy*. Siehe oben III.3.b).

98 Ausführlich *Thöne*, Die Abschaffung des Exequaturverfahrens und die EuGVVO, S. 75 ff.

99 Vgl. Art. 45 Abs. 1 lit. e Brüssel Ia-VO.

100 Anders dagegen Art. 45 Abs. 1 lit. a Brüssel Ia-VO.

101 *Gottwald*, in: MüKoZPO, § 1117 Rn. 3.

Wird das Europäische Mahnverfahren nach einem Einspruch als streitiges Verfahren fortgeführt und endet dieses Verfahren mit der Aufrechterhaltung des Europäischen Zahlungsbefehls, so ist fraglich, ob auch diese Entscheidung noch nach den Art. 21 ff. EuMahnVO vollstreckt werden kann oder ob nunmehr die Regelungen der Brüssel Ia-VO greifen. Richtigerweise ist die EuMahnVO für eine solche Entscheidung nicht mehr anwendbar, da der deutlich zurückgenommene Prüfungsmaßstab in Art. 22 EuMahnVO erkennbar von einer unstreitigen Entscheidung in einem Antragsverfahren ausgeht.

Inwieweit diese Vorteile im Vollstreckungsstadium tatsächlich dazu führen, dass die Durchführung eines Verfahrens nach der EuMahnVO und die Vollstreckung des Europäischen Zahlungsbefehls schneller und günstiger ist, als die Einleitung eines nationalen Mahnverfahrens, bspw. nach §§ 688 ff. ZPO, und eine anschließende Vollstreckung des Titels nach der Brüssel Ia-VO ist jedoch insbesondere wegen des unklaren gerichtlichen Prüfungsumfangs im Europäischen Mahnverfahren[102] und der unübersichtlichen Aufteilung der Rechtsbehelfe[103] fraglich.

2. *Rechtsbehelfe in der Zwangsvollstreckung*

Auch das Verhältnis von Rechtsbehelfen, die das nationale Recht des Vollstreckungsstaates im Rahmen der Zwangsvollstreckung vorsieht, zu den Rechtsbehelfen der EuMahnVO bereitet Schwierigkeiten. Nach Art. 21 Abs. 1 EuMahnVO wird die Vollstreckung nach dem Recht des Staates durchgeführt, in dem sie erfolgt. Es gilt also grundsätzlich das nationale Verfahrensrecht des Vollstreckungsstaates, inklusive der bei Verstößen vorgesehenen Rechtsbehelfe, etwa in Deutschland nach §§ 766, 771, 793 und 805 ZPO.[104]

Äußerst umstritten ist hingegen auch hier die Einordnung der Vollstreckungsgegenklage. Dies hat den Hintergrund, dass Art. 22 Abs. 2 EuMahnVO für den wichtigsten Fall einer Vollstreckungsgegenklage, nämlich den Fall der nachträglichen Zahlung durch den Schuldner, bereits eine eigenständige Regelung trifft. Die engen Voraussetzungen des Art. 22 Abs. 2 EuMahnVO würden aber deutlich aufgeweicht, wenn neben ihm auch der weiter reichende Rechtsbehelf der Vollstreckungsgegenklage

102 Siehe oben III.2.b).

103 Siehe oben IV.

104 *Ulrici*, in: MüKoZPO, Art. 21 EG-MahnVO Rn. 5.

eröffnet wäre, mit dem dann auch andere Erlöschensgründe, wie die Aufrechnung oder der Erlass, im Vollstreckungsstaat geltend gemacht werden könnten.[105] Gleichwohl hat der deutsche Gesetzgeber die Zulässigkeit einer Vollstreckungsgegenklage angenommen und diese auch in §§ 1096 Abs. 2 S. 2, 1095 Abs. 2, 1086 Abs. 1 ZPO eigenständig geregelt. Die Europarechtskonformität dieser Vorschriften wird jedoch bezweifelt.[106]

Der *EuGH* hat in der Rs. *FX/GZ* nunmehr jedoch eine internationale Zuständigkeit für Vollstreckungsgegenklagen im Vollstreckungsstaat aus Art. 41 Abs. 1 EuUntVO abgeleitet und damit auch die Zulässigkeit von Vollstreckungsgegenklagen insgesamt indirekt bestätigt.[107] Da Art. 41 Abs. 1 EuUntVO fast wörtlich Art. 21 Abs. 1 EuMahnVO entspricht, scheint eine ähnliche Auslegung des *EuGH* auch im Rahmen der EuMahnVO und damit die Zulässigkeit der Vollstreckungsgegenklage im Vollstreckungsstaat wahrscheinlich.[108] Allerdings kennt die EuUntVO keine mit Art. 22 Abs. 2 EuMahnVO vergleichbare Vorschrift, sodass sich der *EuGH* auch dazu äußern müsste, ob Art. 22 Abs. 2 EuMahnVO einen abschließenden Charakter besitzt oder nur Mindestvorgaben trifft.

Die Zulässigkeit der Vollstreckungsgegenklage setzt zusätzlich eine Präklusionsregel voraus, die verhindert, dass Einwendungen, die bereits im Ausgangsverfahren geltend gemacht werden konnten, im Vollstreckungsverfahren erneut aufgegriffen werden. Inwieweit aus dem europäischen Verordnungsrecht Vorgaben für die genauere Ausgestaltung dieser Regelung entnommen werden können, ist derzeit noch unklar. In der Rs. *FX/GZ* konnte sich der *EuGH* mit der Feststellung begnügen, dass eine solche Präklusionsregel im deutschen Recht jedenfalls existiert.[109] Die Rechtslage in den Mitgliedstaaten ist aber durchaus unterschiedlich. Unterschiede bestehen etwa bei der Frage, ob noch nicht ausgeübte Gestal-

105 *Hess*, Europäisches Zivilprozessrecht, Rn. 10.87 f.; *Freitag/Leible*, BB 2008, 2750 (2755); a.A. *Gruber*, in: Rauscher, EuZPR/EuIPR, Art. 22 EG-MahnVO Rn. 43, der mit Verweis auf ErwGr 27 S. 3 in Art. 22 Abs. 2 EuMahnVO nur eine Mindestregelung sehen will.

106 *Hess*, Europäisches Zivilprozessrecht, Rn. 10.87 f.; *Preuß*, ZZP 112 (2009), 1 (32 ff.); *Gsell*, EuZW 2011, 87 (89) ff.; a.A. *Gruber*, in: Rauscher, EuZPR/EuIPR, Art. 22 EG-MahnVO Rn. 41 ff.; *Wolber*, in: BeckOK ZPO, Art. 22 EuMVVO Rn. 19 f.

107 *EuGH*, Urt. v. 04.06.2020, C-41/19 – *FX/GZ*, Rn. 38 ff.

108 *Wolber*, in: BeckOK ZPO, Art. 22 EuMVVO Rn. 20 sieht die Europarechtskonformität sogar als bereits bestätigt an.

109 *EuGH*, Urt. v. 04.06.2020, C-41/19 – *FX/GZ*, Rn. 48.

tungsrechte im Vollstreckungsverfahren auch dann präkludiert sind, wenn die Gestaltungslage bereits während des Erkenntnisverfahrens bestand.[110]

Hierzu folgendes Beispiel: Ein in Deutschland erlassener Europäischer Zahlungsbefehl soll in Frankreich vollstreckt werden. Der französische Schuldner wehrt sich gegen die Vollstreckung, indem er die Aufrechnung mit einer Forderung erklärt, die ihm gegen den Gläubiger zusteht. Die Aufrechnungslage hatte allerdings bereits während des in Deutschland durchgeführten Mahnverfahrens bestanden, weshalb ein entsprechender Einwand im Rahmen einer Vollstreckungsgegenklage in Deutschland präkludiert wäre.[111] In Frankreich greift eine Präklusion hingegen nur im Hinblick auf bereits ausgeübte Gestaltungserklärungen, sodass die Aufrechnung vor den französischen Gerichten im Vollstreckungsstaat durchgreifen würde.[112]

Eine ebenfalls noch offene Frage betrifft die Rechtskraftwirkung von Entscheidungen über die Vollstreckungsgegenklage: Entfalten diese Entscheidungen nur eine territorial begrenzte Wirkung im jeweiligen Vollstreckungsstaat oder kann und muss die Entscheidung, bspw. über das Erlöschen der titulierten Forderung durch Aufrechnung, auch in anderen Mitgliedstaaten anerkannt werden?[113] Zutreffend ist wohl Letzteres, sodass Entscheidungen, die den titulierten Anspruch als solchen betreffen, über die Art. 36 ff. Brüssel Ia-VO auch in anderen Mitgliedstaaten anerkannt werden können.[114]

VI. Fazit

Aus den bisherigen Ausführungen ergeben sich daher folgende Kritikpunkte und Forderungen, die hier in Thesenform dargestellt werden.

1. Der sachliche Anwendungsbereich der EuMahnVO sollte erweitert und auch auf außervertragliche Ansprüche erstreckt werden.

---

110 Siehe *Peiffer*, Grenzüberschreitende Titelgeltung, S. 282 ff. und 307.

111 *BGH*, Urt. v. 07.07.2005, NJW 2005, 2926; *BGH*, Urt. v. 05.03.2009 – IX ZR 141/07, NJW 2009, 1671 (Rn. 11); *BGH*, Urt. v. 25.06.2019 – II ZR 170/17, NJW 2019, 3385 (Rn. 2); *Schmidt/Brinkmann*, in: MüKoZPO, § 767 Rn. 84 ff. m.w.N.

112 *Peiffer*, Grenzüberschreitende Titelgeltung, S. 304 m.w.N.

113 *Domej*, FamRZ 2020, 1292 (1293); *Geimer*, FamRZ 2020, 2023.

114 Ebenso *Geimer*, FamRZ 2020, 2023 m.w.N.

2. Die Voraussetzung des grenzüberschreitenden Bezugs sollte ebenfalls großzügiger gehandhabt und an die Maßgaben angepasst werden, die der *EuGH* zur Brüssel Ia-VO und zur EuInsVO entwickelt hat.
3. Aus der Entscheidung des *EuGH* in der Rs. *Bondora* sollte keine pauschale Verpflichtung zu einer amtswegigen AGB-Prüfung vor Erlass eines Europäischen Zahlungsbefehls abgeleitet werden. Vielmehr sollte auch weiterhin eine bloße Plausibilitätskontrolle genügen.
4. Eine verordnungsautonome Regelung der in der Praxis sehr bedeutsamen Rechtsbehelfe bei Zustellungsfehlern ist sinnvoll, da die momentane Rechtszersplitterung in diesem Bereich die Attraktivität des Europäischen Mahnverfahrens deutlich mindert.
5. Sollte der *EuGH*, was anzunehmen ist, die Zulässigkeit einer Vollstreckungsgegenklage im Vollstreckungsstaat auch beim Europäischen Zahlungsbefehl bejahen, müssen europäisch-autonome Vorgaben für eine dann notwendige konkrete Präklusionsregelung entwickelt werden.
6. Insgesamt sollte der europäische Verordnungsgeber zudem auf eine stärkere Kohärenz der Regelungen zur Anerkennung und Vollstreckung von Entscheidungen in den verschiedenen Verordnungen zum Internationalen Prozessrecht achten.[115]

Literaturverzeichnis

Arts, Robert, Zum Anwendungsbereich der EuInsVO – Das Ende der Lehre vom qualifizierten Gemeinschaftsbezug, IPRax 2014, 390-393.

BeckOK ZPO, hrsg. v. *Vorwerk, Volkert/Wolf, Christian*, 42. Edition, München.

Böckstiegel, Karl-Heinz, Das UNCITRAL-Modell-Gesetz für die internationale Wirtschafts-Schiedsgerichtsbarkeit, RIW 1984, 670-678.

Bruns, Alexander, Anmerkung zu EuGH, Urteil v. 1.3.2005, Rs. C-281/02, JZ 2005, 890-892.

Carmona Schneider, Isabel, EuGH: Europäischer Mahnbescheid – Vertragsklauselkontrolle, Anmerkung zu EuGH, Urteil vom 19.12.2019 – C-543/18 – Bondora AS gegen Carlos V.C., IWRZ 2020, 93-95.

Domej, Tanja, Art. 41 I EuUntVO: Internationale Zuständigkeit für Vollstreckungsabwehrantrag bei Unterhaltsvollstreckung, FamRZ 2020, 1292-1293.

Eichel, Florian, Keine rügelose Einlassung im Europäischen Mahnverfahren: Anmerkung zu EuGH, 13.6.2013, Rs. C-144/12, Goldbet Sportwetten ./. Sperindeo, GPR 2014, 56-59.

---

115 Siehe dazu auch *R. Magnus*, in: *Cadiet/Hess/Requejo Isidro*, S. 33.

Einhaus, David, Erste Erfahrungen mit dem Europäischen Zahlungsbefehl: Probleme und Verbesserungsmöglichkeiten, EuZW 2011, 865-868.

Freitag, Robert/Leible, Stefan, Erleichterung der grenzüberschreitenden Forderungsbeitreibung in Europa: Das Europäische Mahnverfahren, BB 2008, 2750-2755.

Gebauer, Martin/Wiedmann, Thomas (Hrsg.), Europäisches Zivilrecht: Zivilrecht unter europäischem Einfluss, 3. Aufl., München 2021.

Geimer, Reinhold, Art. 41 I EuUntVO: Internationale Zuständigkeit für Vollstreckungsabwehrantrag bei Unterhaltsvollstreckung, FamRZ 2020, 2023-2024.

Gruber, Urs Peter, Die Überleitung eines europäischen Mahnverfahrens in ein Erkenntnisverfahren, IPRax 2017, 259-262.

Gsell, Beate, Die Geltendmachung nachträglicher materieller Einwendungen im Wege der Vollstreckungsgegenklage bei Titeln aus dem Europäischen Mahn- oder Bagatellverfahren, EuZW 2011, 87-91.

v. Hein, Jan, Informierte Entscheidungen in der grenzüberschreitenden Forderungsdurchsetzung – Vorstellung und Ergebnisse eines internationalen Forschungsprojekts, ZVglRWiss 119 (2020), 123-142.

v. Hein, Jan/Kruger, Thalia, Informed Choices in Cross-Border Enforcement: The European State of the Art and Future Perspectives, Cambridge 2021.

Heinze, Christian/Dutta, Anatol, Ungeschriebene Grenzen für europäische Zuständigkeiten bei Streitigkeiten mit Drittstaatenbezug, IPRax 2005, 224-230.

Helmreich, Heinz, Erscheinungsformen des Mahnverfahrens im deutschsprachigen Rechtskreis – unter besonderer Berücksichtigung des Mahnverfahrens in der Zivilprozeßordnung und seiner Vorgängermodelle, Köln 1995.

Hess, Burkhard, Europäisches Zivilprozessrecht, 2. Aufl., Berlin 2021.

Ders./Bittmann, David, Zur Europäischen Mahnverfahrens- und Bagatellverordnung, IPRax 2008, 305-314.

Ders./Raffelsieper, Katharina, Schuldnerschutz bei fehlender Zustellung eines EU-Mahnbescheids: Regelungslücken der EuMahnVO, IPRax 2015, 401-403.

Junker, Abbo, Internationales Zivilprozessrecht, 5. Aufl., München 2020.

Kehrberger, Roman F., Anmerkung zu einer Entscheidung des EuGH, Urteil vom 19.12.2019 (C-453/18, C-494/18) – Zur amtswegigen Prüfung der Rechtsmissbräuchlichkeit von Klauseln in Verbraucherverträgen, JZ 2020, 318-320.

Kodek, Georg E., Auf dem Weg zu einem Europäischen Mahnverfahren? Gedanken zum Verordnungsvorschlag der Kommission, in: Festschrift für Walter H. Rechberger zum 60. Geburtstag, hrsg. v. *Bittner, Ludwig u.a.*, Wien 2005, S. 283-300.

Kormann, Johannes Maximilian, Das neue Europäische Mahnverfahren im Vergleich zu den Mahnverfahren in Deutschland und Österreich, Jena 2007.

Kramme, Malte, Unionsrecht vor Zivilgerichten: Wem dient der Prozess und wie weit reicht die Verfahrensautonomie?, im Erscheinen.

Kropholler, Jan/v. Hein, Jan, Europäisches Zivilprozessrecht, 9. Aufl., Frankfurt am Main 2011.

Linke, Hartmut/Hau, Wolfgang, Internationales Zivilverfahrensrecht, 8. Aufl., Köln 2021.

Magnus, Robert, Time for a meeting of the generations – Is there a need for a uniform recognition and enforcement regulation?, in: Cadiet/Hess/Requejo Isidro, Procedural Science at the Crossroads of Different Generations, 2015, S. 33.

Magnus, Robert, Der grenzüberschreitende Bezug als Anwendungsvoraussetzung im europäischen Zuständigkeits- und Kollisionsrecht, ZEuP 2018, 507-540.

Münchener Kommentar zur Zivilprozessordnung, hrsg. v. *Rauscher, Thomas/Krüger, Wolfgang*, Band 1: §§ 1-354, 6. Aufl., München 2020; Band 2: §§ 355-945b, 6. Aufl., München 2020; Band 3: §§ 946-1117, 5. Aufl., München 2017.

Musielak, Hans-Joachim/Voit, Wolfang (Hrsg.), Zivilprozessordnung mit Gerichtsverfassungsgesetz: Kommentar, 18. Aufl., München 2021.

Nagel, Heinrich/Gottwald, Peter, Internationales Zivilprozessrecht, 8. Aufl., Köln 2020.

Pernfuß, Andreas, Die Effizienz des Europäischen Mahnverfahrens – Eine kritische Untersuchung wesentlicher Verfahrensmerkmale, Baden-Baden 2009.

Pfeiffer, Max Christoph, Grenzüberschreitende Titelgeltung in der Europäischen Union – Die Wirkungen der Anerkennung, Vollstreckbarerklärung und Vollstreckbarkeit ausländischer Entscheidungen und gemeinschaftsweiter Titel, Berlin 2012.

Preuß, Nicola, Erlass und Überprüfung des Europäischen Zahlungsbefehls, ZZP 119 (2009), 1-36

Rauscher, Thomas (Hrsg.), Europäisches Zivilprozess- und Kollisionsrecht, Bd. II: EG-VollstrTitelVO, EG-MahnVO, EG-BagatellVO, EU-KPfVO, HProrogÜbk 2005, EG-ZustVO, EG-BewVO, EG-InsVO, 4. Aufl., Köln 2015.

Rieländer, Frederick, Amtswegige Klauselkontrolle im Europäischen Mahnverfahren – Zugleich Anmerkung zu EuGH, Urt. v. 19.12.2019 – C-453/18, C-494/18, Bondora, GPR 2020, 55-65.

Roth, Herbert, Regel und Ausnahme bei der Überprüfung des Europäischen Zahlungsbefehls nach Art. 20 Abs. 2 EuMahnVO, IPRax 2017, 63-64.

Röthel, Anne/Sparmann, Ingo, Das europäische Mahnverfahren, WM 2007, 1101-1109.

Schlosser, Peter/Hess, Burkhard, EU-Zivilprozessrecht: Kommentar, 5. Aufl., München 2021.

Statistisches Bundesamt, Rechtspflege Zivilgerichte 2020 (Fachserie 10 Reihe 2.1), 2021.

Stein/Jonas, Kommentar zur Zivilprozessordnung, Band 6: §§ 511-703d, hrsg. v. *Althammer, Christoph* u.a., 23. Aufl., Tübingen 2018.

Stürner, Michael, Der Anwendungsbereich der EU-Verordnungen zur grenzüberschreitenden Forderungsdurchsetzung, ZVglRWiss 119 (2020), 143-166.

Sujecki, Bartosz, EuGH: Zivilverfahrensrecht: Folgen der unwirksamen Zustellung eines Europäischen Zahlungsbefehls, EuZW 2014, 917-918.

Thöne, Meik, Die Abschaffung des Exequaturverfahrens und die EuGVVO, Tübingen 2016.

Ulrici, Bernhard, Rechtsbehelf bei Fehlen einer ordnungsgemäßen Zustellung des Europäischen Zahlungsbefehls, EuZW 2017, 367-373.

Ders., EuGH: Verbraucherrecht: Überprüfung missbräuchlicher Klauseln in Verbraucherverträgen im Rahmen eines Mahnverfahrens, EuZW 2020, 196-197.

Weber, Martin/Fucik, Robert, Das österreichische unc das Europäische Mahnverfahren: die wesentlichen Unterschiede, ÖJZ 2008, 829-833.

Wolf/Lindacher/Pfeiffer, hrsg. v. *Lindacher, Walter F./Pfeiffer, Thomas* (Hrsg.), AGB-Recht: Kommentar, 7. Aufl., München 2020.

Zöller, ZPO, hrsg. v. *Althammer, Christoph u.a.*, 33. Aufl., Köln 2020.

Stand und Fortentwicklung der Europäischen Verordnung über geringfügige Forderungen

Wolfgang Hau

Inhalt

I. Einleitung 77

II. Überblick über das Europäische Bagatellverfahren 78

III. Praktische Erfahrungen in Deutschland 83

IV. Perspektiven der EuGFVO 87

1. *De lege lata* 87
2. *De lege ferenda* 89

V. Vorbildfunktion der EuGFVO? 90

Literaturverzeichnis 92

I. Einleitung

Mit der EuGFVO[1] wurde, wie es programmatisch in ihrem Art. 1 Abs. 1 S. 1 heißt, „ein europäisches Verfahren für geringfügige Forderungen eingeführt, damit Streitigkeiten in grenzüberschreitenden Rechtssachen mit geringem Streitwert einfacher und schneller beigelegt und die Kosten hierfür reduziert werden können".[2] Selbst aufgeschlossene Stimmen im Schrifttum äußerten sich seinerzeit eher zurückhaltend zu den Aussichten der Verordnung, eine bedeutsame Rolle als Instrument der grenzüberschreitenden Rechtsverfolgung im innereuropäischen Zivilrechtsverkehr zu übernehmen.[3] In der Tat blieb das Europäische Bagatellverfahren in

1 Weitere gängige Abkürzung: EuBagatellVO.

2 Vgl. zu den ursprünglichen Erwartungen der Europäischen Kommission das Grünbuch über ein Europäisches Mahnverfahren und über Maßnahmen zur einfacheren und schnelleren Beilegung von Streitigkeiten mit geringem Streitwert, KOM (2002) 746 endg., sodann den Kommissionsvorschlag, KOM (2005) 87 endg., und ferner die beiden dazu vorgelegten Arbeitspapiere SEK (2005) 351 und SEK (2005) 352.

3 Vgl., statt mancher, etwa *Hess/Bittmann*, IPRax 2008, 305 (313).

den ersten Jahren seiner Anwendbarkeit deutlich hinter den hochgesteckten Erwartungen der Europäischen Kommission zurück,[4] und so entschloss man sich zu einer Reform.[5] Die entsprechende Reform-VO[6] setzte freilich nicht etwa darauf, als problematisch oder klärungsbedürftig erachtete Aspekte des Verfahrens zu überdenken, sondern zielte vor allem darauf ab, diesem einen größeren Anwendungsbereich zu sichern, und zwar durch eine erhebliche Anhebung der Streitwertgrenze von 2.000 auf 5.000 EUR. Im Folgenden sollen, bevor auf die bisherigen praktischen Erfahrungen mit der Verordnung (III.) und auf etwaige Perspektiven (IV.) eingegangen wird, zunächst der Anwendungsbereich und Ablauf des Europäischen Bagatellverfahrens skizziert werden (II.).[7]

II. Überblick über das Europäische Bagatellverfahren

Die EuGFVO dient der Beilegung von grenzüberschreitenden Streitigkeiten über geringfügige Forderungen. Als geringwertig galt ursprünglich eine Klage, sofern ihr Wert – ohne Zinsen, Kosten und Auslagen – zum Zeitpunkt der Verfahrenseinleitung 2.000 EUR nicht überschreitet; diese

4 Siehe den Kommissionsbericht, KOM (2013) 795 endg. Dem vorangegangen waren mehrere Studien und Datenerhebungen: *Centre européen de la Consommation*, Procédure de règlement des petits litiges et injunction de payer européenne – des procedures simplifiées pas si simple dans la pratique, https://www.cec-zev.eu/fileadmin/Media/PDF/publications/Etudes-Rapports_FR/Etude_procedure-reglement-petits-litiges.pdf (abgerufen am 03.11.2021); *European Consumer Centres Network*, European Small Claims Procedure Report, https://ec.europa.eu/info/sites/info/files/small_claims_international_claims_2012_en.pdf (abgerufen am 03.11.2021); Special Eurobarometer 395, European Small Claims Procedure, https://europa.eu/eurobarometer/api/deliverable/download/file?deliverableId=40472 (abgerufen am 03.11.2021); *Deloitte*, Assessment of the socio-economic impacts of the policy options for the future of the European Small Claims Regulation, https://op.europa.eu/de/publication-detail/-/publication/1eeb379b-8ccc-4f00-9dda-04da21f9bf67 (abgerufen am 03.11.2021).

5 Siehe den Kommissionsvorschlag, KOM (2013) 794 endg., sowie die Begleitdokumente SWD (2013) 459 und SWD (2013) 460 endg. Dazu *Hau*, in: FS Gottwald, S. 255; *Huber*, GPR 2014, 242; *Sujecki*, ZRP 2014, 84.

6 Dazu *Einhaus*, RIW 2018, 631; *Huber* RIW 2018, 625. Die Neufassung ist seit dem 14.07.2017 anzuwenden; die entsprechenden Änderungen der deutschen Durchführungsvorschriften wurden in die ZPO eingefügt durch Gesetz zur Änderung von Vorschriften im Bereich des Internationalen Privat- und Zivilverfahrensrechts v. 11.06.2017, BGBl. 2017 I, S. 1607; beachte dazu BT-Drs. 18/10714.

7 In Anlehnung an *Linke/Hau*, Internationales Zivilverfahrensrecht, Rn. 11.15 ff.

Streitwertgrenze wurde inzwischen, wie bereits erwähnt, auf 5.000 EUR angehoben (Art. 2 Abs. 1 S. 1 EuGFVO). Wonach sich der Streitwert, der notfalls in einem Zwischenstreit gemäß Art. 5 Abs. 5 EuGFVO ermittelt werden kann, bestimmt, regelt die EuGFVO nicht autonom, sondern bleibt bedauerlicherweise dem nationalen Recht überlassen (Art. 19 EuGFVO).

Das Bagatellverfahren ist, anders als das Mahnverfahren (vgl. Art. 4 EuMahnVO), grundsätzlich eröffnet, um Ansprüche aller Art, also auch andere als Geldzahlungsansprüche, durchzusetzen (*argumentum ex* Art. 5 Abs. 5 EuGFVO); selbst positive oder negative Feststellungsklagen dürften erfasst sein. In den Anwendungsbereich fallen Zivil- und Handelssachen, ohne dass es auf die Art der Gerichtsbarkeit ankommt (Art. 2 Abs. 1 S. 1 EuGFVO). Irrelevant ist, ob die zu titulierende Forderung im Unternehmens- oder im Verbrauchergeschäft entstanden ist. Ausdrücklich ausgeklammert werden Steuer- und Zollsachen, verwaltungsrechtliche Angelegenheiten und Staatshaftung (Art. 2 Abs. 1 S. 2 EuGFVO) sowie die in Art. 2 Abs. 2 EuFGVO genannten Rechtsgebiete, namentlich etwa unterhalts- (lit. c), arbeits- (lit. h) sowie persönlichkeitsrechtliche (lit. j) Ansprüche. Nicht allgemein ausgeschlossen sind hingegen, anders als in der EuMahnVO (Art. 2 Abs. 2 lit. d EuMahnVO), Ansprüche aus außervertraglichen Schuldverhältnissen. Was den räumlich-persönlichen Anwendungsbereich des Bagatellverfahrens angeht, ist es, entgegen den Wünschen der Europäischen Kommission, bei der Beschränkung auf im Einzelnen definierte grenzüberschreitende Rechtssachen geblieben (Art. 3 EuGFVO). Hierzu hat der *EuGH* in einer seiner beiden bisherigen Stellungnahmen zur EuGFVO die im Grunde selbstverständliche Klarstellung getroffen, dass es nur auf die Verortung des Klägers und des Beklagten, nicht hingegen eines bloßen Streithelfers ankommt.[8]

Das Bagatellverfahren wird eingeleitet, indem der Kläger ein Klageformular, nämlich das in allen mitgliedstaatlichen Sprachen erhältliche Formblatt A, ausfüllt und dem zuständigen Gericht übermittelt. In Betracht kommt dafür jeder nach der *lex fori* zulässige Übermittlungsweg (Art. 4 Abs. 1 S. 1 EuGFVO); für Deutschland gilt § 1097 Abs. 1 ZPO (Schriftsatz, Telekopie oder elektronisches Dokument). Im Klageformular muss der Kläger die Beweise zur Begründung seiner Forderung beschreiben; zweckdienliche Beweisschriftstücke können beigefügt werden (Art. 4 Abs. 1 S. 2 Halbs. 2 EuGFVO). ErwGr 12 S. 2 EuGFVO hebt hervor, dass Beweismittel auch noch im Laufe des weiteren Verfahrens nachgereicht

---

8 *EuGH*, Urt. v. 22.11.2018, C-627/17 – *ZSE Energia/RG*; dazu *Eichel*, IPRax 2020, 7.

werden dürfen; über zeitliche Grenzen und Präklusionsfragen schweigt sich die Verordnung leider aus.

Weil sich die EuGFVO nicht zur Bestimmung des zuständigen Gerichts äußert, sind, was die internationale Zuständigkeit angeht, in erster Linie Art. 4 ff. Brüssel Ia-VO, ergänzend nationales Recht heranzuziehen. Letzteres kommt in Betracht, wenn der Beklagte keinen Wohnsitz in einem Mitgliedstaat hat: Dann darf sich der Kläger gemäß Art. 6 Brüssel Ia-VO sogar auf die exorbitanten, im innereuropäischen Rechtsverkehr verpönten Gerichtsstände i.S.d. Art. 5 Abs. 2 und Art. 6 Abs. 2 Brüssel Ia-VO berufen, also bspw. in Deutschland auf den Vermögensgerichtsstand gemäß § 23 S. 1 Var. 1 ZPO. Eine Art. 6 Abs. 2 EuMahnVO oder Art. 6 Abs. 1 lit. d EuVTVO vergleichbare Bestimmung, die zuständigkeitsrechtlich auch drittstaatenansässige Verbraucher schützt, sieht die EuGFVO nicht vor. Den Schutz von Verbrauchern, die ihren Wohnsitz in einem Mitgliedstaat haben, sichert im Bagatellverfahren hingegen Art. 18 Abs. 2 Brüssel Ia-VO, freilich nur unter den Voraussetzungen des Art. 17 Brüssel Ia-VO. Leider sind die Regelungen zum räumlich-persönlichen Anwendungsbereich und zur Zuständigkeit unzureichend abgestimmt, was zu einigen Ungereimtheiten führen kann.[9]

Für die sachliche und (soweit von der Brüssel Ia-VO nicht mitgeregelt) die örtliche Zuständigkeit bleibt es bei der Anwendung der *lex fori*. Ausweislich der neuen Öffnungsklausel in § 1104a ZPO will der deutsche Gesetzgeber das Bagatellverfahren fördern, indem er den Bundesländern die Möglichkeit eröffnet, das Verfahren spezialisierten Spruchkörpern zuzuweisen.[10] In Deutschland entscheidet streitwertbedingt regelmäßig das Amtsgericht (§ 23 Nr. 1 GVG; denkbare Ausnahme: § 71 Abs. 2 Nr. 3 GVG). Die Durchführung des Bagatellverfahrens obliegt funktionell dem Richter (Ausnahme: § 1106 ZPO, § 20 Abs. 1 Nr. 11 RPflG).

Die im Bagatellverfahren erhobene Klage scheitert von vornherein, wenn der Anwendungsbereich nicht eröffnet ist (Art. 4 Abs. 3 EuGFVO; § 1097 Abs. 2 ZPO), bemerkenswerterweise aber auch dann, wenn das angerufene Gericht davon ausgeht, dass die Klage offensichtlich unzulässig

---

9 Beachte das Beispiel bei *Linke/Hau*, Internationales Zivilverfahrensrecht, Rn. 11.20.

10 Eingefügt durch Gesetz zur Änderung von Vorschriften im Bereich des Internationalen Privat- und Zivilverfahrensrechts v. 11.06.2017, BGBl. 2017 I, S. 1607; dazu BT-Drs. 18/10714, S. 10 und 21 f. Vgl. zur bisherigen Umsetzung *Hau*, in: MüKoZPO, Art. 4 EG-BagatellVO (Anhang zu §§ 1097-1109) Rn. 9. Kritisch *Nordmeier*, IPRax 2017, 436 (441): jedenfalls in deutschen Flächenländern sei dies verordnungswidrig.

oder unbegründet sei (Art. 4 Abs. 4 EuGFVO).[11] Anderenfalls bezieht das Gericht binnen 14 Tagen den Beklagten in das Verfahren ein (Art. 5 Abs. 2 EuGFVO); das Bagatellverfahren ist also kontradiktorisch ausgestaltet, und der Beklagte erhält schon vor Erlass des Vollstreckungstitels Gelegenheit, sich zu beteiligen. Allerdings wird das Verfahren grundsätzlich schriftlich geführt (Art. 5 Abs. 1 EuGFVO), sodass sich der Beklagte zunächst nur auf diesem Wege verteidigen kann. Dabei steht es ihm frei, sich des ihm dazu vom Gericht übermittelten Formblatts zu bedienen (Art. 5 Abs. 3 EuGFVO). Antwortet er nicht innerhalb der ihm zur Verfügung stehenden Frist von 30 Tagen, so entscheidet das Gericht zur Sache (Art. 7 Abs. 3 EuGFVO). Das Nähere bleibt dem nationalen Recht überlassen; der deutsche Gesetzgeber hält ein Urteil nach Aktenlage für sachgerecht (§ 1103 ZPO).

Verfahrensbeschleunigung ist unverkennbar ein wesentliches Anliegen der EuGFVO (deutlich etwa Art. 5 Abs. 2 und 3 EuGFVO). Daher sind knapp bemessene Fristen für die wichtigsten Prozesshandlungen sowohl der Parteien als auch des Gerichts vorgesehen (vgl. ErwGr 24 EuGFVO). Dem nimmt der Verordnungsgeber mit Art. 14 Abs. 2 und 3 EuGFVO freilich wieder einiges an Schärfe. Art. 13 EuGFVO erlaubt besonders zügige Zustellungen, möglichst per Post mit Empfangsbestätigung (ErwGr 18 S. 2 EuGFVO). Die im grenzüberschreitenden Rechtsverkehr besonders bedeutsame Sprachenfrage regelt Art. 6 EuGFVO; dabei steht die Verfahrenseffizienz, nicht das Beharren auf der Amtssprache des Forums im Vordergrund (*argumentum ex* Abs. 2). Anwaltliche Vertretung ist im Bagatellverfahren nicht vorgeschrieben (Art. 10 EuGFVO), aber selbstverständlich zulässig und dürfte in aller Regel auch empfehlenswert sein.[12]

Äußert sich der Beklagte fristgerecht, hält das Gericht die Sache aber noch nicht für spruchreif, so wirkt es darauf hin, alsbald die erforderliche Entscheidungsgrundlage zu schaffen (Art. 7 Abs. 1 EuGFVO) oder eine gütliche Einigung herbeizuführen (Art. 12 Abs. 3 EuGFVO). Das Gericht kann die Parteien zu weiterem Tatsachenvortrag auffordern (Art. 7 Abs. 1 lit. a EuGFVO; vgl. auch Art. 12 Abs. 1 EuGFVO) oder eine Beweisaufnahme durchführen (Art. 7 Abs. 1 lit. b, Art. 9 EuGFVO; § 1101 ZPO), und zwar im Freibeweisverfahren und vorzugsweise schriftlich oder unter Einsatz von Telekommunikationsmitteln. Einen angebotenen Sachverständi-

11 Berechtigte Kritik äußert *Baumert*, RIW 2018, 555 (556).

12 Siehe dazu unten IV.1.

genbeweis oder mündliche Aussagen darf das Gericht nur zulassen, wenn dies unbedingt erforderlich ist (Art. 9 Abs. 4 EuGFVO).[13]

Trotz der Tendenz zur Schriftlichkeit kommt eine mündliche Verhandlung in Betracht (Art. 7 Abs. 1 lit. c, Art. 8 EuGFVO; § 1100 ZPO). Allerdings eröffnet die EuGFVO, anders als das deutsche Recht (§ 495a S. 2 ZPO),[14] ausweislich Art. 5 Abs. 1a EuGFVO kein dahingehendes Parteirecht; lehnt das Gericht eine mündliche Verhandlung ab, so ist diese Entscheidung nicht isoliert anfechtbar (Art. 5 Abs. 1a S. 4 EuGFVO). Ob dies in Einklang mit Art. 6 EMRK bzw. Art. 47 Abs. 2 EU-GrCh steht, erscheint zweifelhaft.[15] Das Gericht wird stets beherzigen müssen, dass der Anspruch auf rechtliches Gehör, wie im Übrigen auch ErwGr 9 EuGFVO hervorhebt, bei der richterlichen Verfahrensgestaltung nicht blindlings Effizienzbestrebungen geopfert werden darf.[16]

Die Entscheidung des Gerichts hat binnen 30 Tagen zu ergehen (Art. 7 EuGFVO), und zwar als Urteil, das laut § 1102 ZPO nicht verkündet, sondern nur zugestellt wird. Für das Urteil selbst gibt es kein Formular; die in Art. 20 Abs. 2 EuGFVO vorgesehene Bestätigung mittels Formblatt D dient nur der erleichterten Auslandsvollstreckung (Art. 21 Abs. 2 lit. b EuGFVO). Die notwendigen Kosten des Bagatellverfahrens (einschließlich der Kosten des Gegners) hat nach Maßgabe von Art. 16 und Art. 17 Abs. 2 EuGFVO grundsätzlich die unterlegene Partei zu tragen. Bei Teilunterliegen ist eine Aufteilung der Kostentragung möglich; dies hat der *EuGH* in seiner zweiten, wiederum nicht übermäßig aufsehenerregenden Entscheidung zur EuGFVO klargestellt.[17] Ob gegen das Urteil ein Rechtsmittel eröffnet ist, überlässt Art. 17 EuGFVO der *lex fori*; in Deutschland bleibt es bei den allgemeinen Regeln (§§ 511 ff., 542 ff. ZPO). Verordnungsautonom sichert Art. 18 EuGFVO dem Beklagten (bzw. Widerbeklagten) aber immerhin das Recht, eine gerichtliche Prüfung durchführen zu lassen, wenn er geltend macht, dass seine Verteidigungsrechte nicht hinreichend gewahrt worden seien (dazu § 1104 ZPO).

---

13 Näher zu dieser Problematik *Hau*, in: MüKoZPO, Art. 9 EG-BagatellVO (Anhang zu §§ 1097-1109) Rn. 3.

14 Beachte dazu *BVerfG*, Beschl. v. 02.03.2017 – 2 BvR 977/16, NJW-RR 2017, 690.

15 Näher *Brokamp*, Das Europäische Verfahren für geringfügige Forderungen, S. 113 ff.; *Hau*, in: MüKoZPO, Art. 5 EG-BagatellVO (Anhang zu §§ 1097-1109) Rn. 2; *Oster*, ZZPInt 23 (2018), 137; *Wolber*, ZEuP 2017, 936 (939 ff.). Beachte zum Recht auf eine mündliche Verhandlung etwa *EGMR*, Urt. v. 09.06.2016 – 44164/16, ZOV 2016, 68.

16 Ähnlich *Varga*, in: Rauscher, EuZPR/EuIPR, Art. 5 EG-BagatellVO Rn. 3 f.

17 *EuGH*, Urt. v. 14.02.2019, C-554/17 – *Jonsson/Société du Journal L'Est Républicain*.

Gemäß Art. 15 Abs. 1 EuGFVO ist das Urteil im Urteilsstaat schon vor Eintritt der Rechtskraft vollstreckbar, ohne dass dies eigens auszusprechen wäre, der Gläubiger Sicherheit leisten müsste oder der Schuldner die Vollstreckung abwenden könnte. Gleichwohl sieht § 1105 Abs. 1 ZPO klarstellend den Ausspruch der vorläufigen Vollstreckbarkeit vor. Das Vollstreckungsverfahren darf nur unter den Voraussetzungen von Art. 15 Abs. 2, Art. 23 EuGFVO auf Sicherungsmaßnahmen beschränkt, von einer Sicherheitsleistung abhängig gemacht oder ausgesetzt werden, wenn die Überprüfung gemäß Art. 18 EuGFVO beantragt wird (zum Verfahren beachte § 1105 Abs. 2 ZPO).

Ein im Bagatellverfahren erwirktes Urteil bzw. ein gerichtlicher Vergleich (Art. 23a EuGFVO) ist in der gesamten EU vollstreckbar.[18] Die Vollstreckung erfolgt unter den gleichen Bedingungen wie bei einem inländischen Titel (Art. 21 Abs. 1 S. 2 EuGFVO); sie setzt weder eine Vollstreckbarerklärung (Art. 20 Abs. 1 EuGFVO) noch eine Vollstreckungsklausel voraus (§ 1107 ZPO). Die vom Gläubiger beizubringenden Unterlagen nennt Art. 21 Abs. 2 EuGFVO. Für die Erteilung der erforderlichen Bestätigung mittels Formblatt D (Art. 21 Abs. 2 lit. b, Art. 20 Abs. 2 EuGFVO) schreibt § 1106 Abs. 2 ZPO eine Anhörung des Schuldners vor, was weder sinnvoll noch verordnungskonform erscheint. Soweit in der Verordnung vorgesehen, sind bei der Vollstreckung in Deutschland fremdsprachige Unterlagen in beglaubigter Übersetzung ins Deutsche vorzulegen (§ 1108 ZPO). Im Vollstreckungsstaat darf die Vollstreckung nur nach Maßgabe von Art. 22 und 23 EuGFVO abgelehnt, ausgesetzt oder beschränkt werden (dazu § 1109 ZPO). Eine *révision au fond* ist ausdrücklich ausgeschlossen (Art. 22 Abs. 2 EuGFVO), eine *ordre public*-Kontrolle nicht vorgesehen.

III. Praktische Erfahrungen in Deutschland

Den jüngsten Angaben des Statistischen Bundesamts von August 2021 ist zu entnehmen, dass die deutschen Amtsgerichten im Jahr 2020 insgesamt 856.000 Zivilprozesssachen erledigt haben, wovon immerhin 2.380 im

18 Vgl. zur Ausnahme Dänemark Art. 2 Abs. 3 EuGFVO. Beachte für das Verhältnis zum Vereinigten Königreich die Übergangsvorschrift in Art. 67 Abs. 3 lit. e Abkommen über den Austritt des Vereinigten Königreichs Großbrittanien und Nordirland aus der Europäischen Union und der Europäischen Atomgemeinschaft, ABl. EU L 29 v. 31.01.2020, S. 7.

Europäischen Bagatellverfahren ausgetragen wurden;[19] das entspricht also 0,3 % der Fälle. Diese Zahl erscheint *prima facie* gering, wenn man bedenkt, dass 2020 in 1,7 % der Amtsgerichtsprozesse der Kläger und in 4,8 % der Beklagte im EU-Ausland ansässig war,[20] sodass die Eröffnung des Anwendungsbereichs der EuGFVO nach Maßgabe ihres Art. 3 in räumlich-persönlicher Hinsicht zumindest nahegelegen hätte. Gleichwohl sind 2.380 Bagatellverfahren, verglichen mit den Vorjahren, ein höchst beachtlicher Fortschritt: Noch 2019 waren es weniger als die Hälfte, nämlich nur 1.155 Bagatellverfahren (= 0,12 %), und 2018, also im Jahr nach dem Inkrafttreten der Reform, waren sogar nur 567 Bagatellverfahren (= 0,06 %) gezählt worden; in den Jahren zuvor beliefen sich die Fallzahlen durchweg im mittleren dreistelligen Bereich (2014: 438; 2015: 539; 2016: 483; 2017: 478).[21] Freilich liegen selbst die erfreulichen neuesten Zahlen für Deutschland noch sehr weit entfernt von den Hoffnungen, die die Europäische Kommission im Vorfeld der Reform von 2015 geweckt hatte: Als Konsequenz ihrer Änderungsvorschläge rechnete sie mit europaweit über 400.000 Anwendungsfällen für das Europäische Bagatellverfahren und dadurch mit Einsparungen zugunsten der Verfahrensbeteiligten im Wert von bis zu 418 Millionen EUR.[22]

Es wäre reine Spekulation, den bemerkenswerten jüngsten Anstieg in Deutschland im Jahr 2020 in Zusammenhang mit der Covid-19-Pandemie zu bringen. Zu Buche schlägt vielmehr ganz ersichtlich die ständige, trotz der Krise auch 2020 anhaltende Zunahme reisevertraglicher Streitigkeiten, die überdurchschnittlich häufig gemäß der EuGFVO ausgetragen werden:[23] Allein in diesen Bereich fallen 1.425 der 2.380 Bagatellverfahren (= 60 %); auch 2019 waren es schon 708 von insgesamt 1.155 Verfahren (= 61 %), 2014 hingegen erst 76 von 438 Verfahren (= 17 %). Erklären lässt sich dies damit, dass es im Reisevertragsrecht regelmäßig um grenzüberschreitende Sachverhalte mit eher niedrigen Streitwerten geht. Insbesondere die massenhaft zu Gericht gebrachten Ansprüche, die sich aufgrund der

---

19 *Statistisches Bundesamt*, Rechtspflege Zivilgerichte 2020, S. 18. Allerdings wird daraus nicht ersichtlich, ob bzw. wie oft in Deutschland die Vollstreckung aus Titeln betrieben wird, die in ausländischen Bagatellverfahren erwirkt wurden.

20 *Statistisches Bundesamt*, Rechtspflege Zivilgerichte 2020, S. 30.

21 Vgl. zu noch älteren Angaben *Hau*, in: FS Gottwald, S. 255 (256 f.).

22 So die Folgenabschätzung, SWD (2013) 459, S. 44 und 46.

23 *Statistisches Bundesamt*, Rechtspflege Zivilgerichte 2020, S. 38. Beachte den bemerkenswerten Hinweis bei *AG Bremen*, Urt. v. 01.06.2017 – 9 C 63/17, BeckRS 2017, 113798: „Gerade für Ansprüche nach der Fluggastverordnung bieten sich das vereinfachte europäische Mahnverfahren (Verordnung EG Nr. 1896/2006) und Bagatellverfahren (Nr. 861/2007) an.“

Nichtbeförderung oder Verspätung im Flugreiseverkehr aus der Fluggastrechte-VO[24] ergeben, erfordern typischerweise selten eine Beweisaufnahme und werden häufig nicht von dem betroffenen Passagier, sondern durch Inkassounternehmen (wie *Flightright*) durchgesetzt, die sich als *repeat players* das Bagatellverfahren zunutze machen können.[25]

Betrachtet man einzelne Bundesländer, so zeigen sich erhebliche Schwankungen der Fallzahlen, und zwar sowohl in Flächen- wie in Stadtstaaten:[26] Deutlich über dem Bundesdurchschnitt, wonach 0,3 % der Amtsgerichtsprozesse im Europäischen Bagatellverfahren ausgetragen werden, rangieren Hamburg (1 %) und sodann gleichauf Berlin sowie Bayern (jeweils 0,5 %). Ziemlich genau im Schnitt befinden sich Hessen und Nordrhein-Westfalen (jeweils 0,3 %), knapp darunter liegen Baden-Württemberg und Brandenburg (jeweils 0,2 %). Die anderen Bundesländer sind deutlich abgeschlagen; das Schlusslicht ist Thüringen mit nur 0,006 %. Die Gründe für solche Unterschiede dürften mit dem jeweiligen Außenhandelsvolumen zusammenhängen, sich zudem aber auch aus dem Vorhandensein von Auslandsgrenzen und (wegen der erwähnten Häufung reisevertragsrechtlicher Bagatellsachen) von internationalen Flughäfen ergeben. Bemerkenswert erscheint, dass die Bundesländer, die von der in § 1104a ZPO vorgesehenen Möglichkeit Gebrauch gemacht haben, das Europäische Bagatellverfahren bei einem Gericht oder nur wenigen Gerichten zu konzentrieren (Baden-Württemberg, Hessen, Nordrhein-Westfalen, Sachsen-Anhalt und Schleswig-Holstein), damit kaum bessere Ergebnisse erzielen als Bundesländer, die davon bislang abgesehen haben. Im Übrigen erschiene es zumindest in größeren Bundesländern wie Bayern wenig attraktiv, ein Verfahren über geringfügige Streitwerte, das zumindest theoretisch eine mündliche Verhandlung in Präsenzform erfordern kann, allzu wohnortfern und damit kostenträchtig austragen zu müssen.[27]

---

24 Verordnung (EG) Nr. 261/2004 des Europäischen Parlaments und des Rates vom 11. Februar 2004 über eine gemeinsame Regelung für Ausgleichs- und Unterstützungsleistungen für Fluggäste im Fall der Nichtbeförderung und bei Annullierung oder großer Verspätung von Flügen und zur Aufhebung der Verordnung (EWG) Nr. 295/91, ABl. EG L 46 v. 17.02.2004, S. 1.

25 Beachte dazu *Europäische Kommission*, Bekanntmachung zur Information über das auf Tätigkeiten von Agenturen für Fluggastentschädigungen anzuwendende einschlägige Verbraucherschutz-, Vermarktungs- und Datenschutzrecht der EU im Zusammenhang mit der Verordnung Nr. 261/2004 über Fluggastrechte.

26 *Statistisches Bundesamt*, Rechtspflege Zivilgerichte 2020, S. 22-25.

27 Auch aus anderen Mitgliedstaaten wird berichtet, dass sich Zuständigkeitskonzentration nicht zwingend positiv auswirkt; vgl. *Kramer*, in: Hess/Ortolani, Rn. D 46.

Den inzwischen zumindest nicht mehr zu vernachlässigenden Fallzahlen in Deutschland stehen erstaunlich wenige veröffentlichte Entscheidungen zur EuGFVO gegenüber. Wie bereits erwähnt, hatte der *EuGH* bislang erst in zwei Verfahren die Gelegenheit zu Vorabentscheidungen, die jeweils eher randständige Fragen zum räumlich-persönlichen Anwendungsbereich und zur Kostentragung betrafen.[28] Einschlägige Entscheidungen des *BGH* sind überhaupt nicht ersichtlich. Aber auch in Fachzeitschriften publizierte bzw. in gängigen Datenbanken verzeichnete Entscheidungen deutscher Instanzgerichte sind nach wie vor äußerst selten.[29] Und selbst in diesen wenigen Fällen stehen Probleme des Europäischen Bagatellverfahrens kaum einmal im Mittelpunkt. Eine Erklärung dafür mag man am ehesten darin sehen, dass das Verfahren als solches den Gerichten und den Parteien eben kaum berichtswürdige Probleme bereitet. In diesem Zusammenhang ist interessant, dass das Statistische Bundesamt für das Jahr 2020, wie erwähnt, zwar 2.380 Bagatellverfahren zählt, dabei allerdings nur 32 Klagezurück- oder Klageabweisungen.[30] Erfreulich erscheint aber auch, dass bislang – entgegen mancher anfangs geäußerten Befürchtung[31] – zumindest in Deutschland keine Anzeichen dafür ersichtlich sind, dass das Europäische Bagatellverfahren gezielt zum Nachteil von Verbrauchern eingesetzt oder gar für kriminelle Machenschaften missbraucht wird.

---

28 *EuGH*, Urt. v. 22.11.2018, C-627/17 – *ZSE Energia/RG* (zu Art. 2 und 3 EuGFVO); *EuGH*, Urt. v. 14.02.2019, C-554/17 – *Jonsson/Société du Journal L'Est Républicain* (zu Art. 16 EuGFVO).

29 Genannt seien *OLG Hamm*, Beschl. v. 03.05.2019 – I-32 SA 17/19, BeckRS 2019, 24044; *LG Nürnberg-Fürth*, Beschl. v. 08.10.2019 – 5 S 5696/19, BeckRS 2019, 55390; *LG Wuppertal*, Beschl. v. 12.12.2014 – 16 S 31/13, 16 S 32/13, BeckRS 2014, 125965; *AG Braunschweig*, Urt. v. 08.01.2014 – 118 C 3557/13, IPRspr. 2014, 575; *AG Geldern*, Urt. v. 09.02.2011 – 4 C 4/11, IPRspr. 2011, 645; *AG Gießen*, Urt. v. 23.04.2013 – 49 C 381/12, NJW-RR 2013, 1073; *AG Simmern*, Urt. v. 06.01.2012 – 3 C 732/11, RRa 2012, 192. In einigen weiteren Entscheidungen, die nicht im Europäischen Bagatellverfahren ergangen sind, kommt dieses beiläufig in anderem Zusammenhang zur Sprache; vgl. etwa *LG Frankfurt*, Urt. v. 20.08.2015 – 2-24 S 31/15, IPRspr. 2016, 176; *AG Berlin-Mitte*, Urt. v. 04.09.2019 – 9 C 104/19, ZMR 2019, 956; *AG Bremen*, Urt. v. 01.06.2017 – 9 C 63/17, BeckRS 2017, 113798.

30 *Statistisches Bundesamt*, Rechtspflege Zivilgerichte 2020, S. 38.

31 Vgl. etwa *Garber*, ÖJZ 2011, 197 (206); *Hau*, JuS 2008, 1056 (1059).

IV. Perspektiven der EuGFVO

1. De lege lata

Die Europäische Kommission setzt, um die Nutzung des Bagatellverfahrens weiter zu steigern, ersichtlich vor allem auf Information.[32] So hat sie im Europäischen Justizportal sowohl einen detaillierten „Leitfaden für Anwender des europäischen Verfahrens für geringfügige Forderungen" als auch einen auf Allgemeinverständlichkeit abzielenden „Praktischen Leitfaden für das europäische Verfahren für geringfügige Forderungen" veröffentlicht.[33] Solche Bemühungen sind im Grundsatz verdienstvoll. Dass sie sich nicht von selbst verstehen, zeigt sich an den Informationen, die seitens der Mitgliedstaaten zur Verfügung gestellt werden.[34] Peinlicherweise sind speziell die Angaben zu Deutschland,[35] obwohl derzeit angeblich auf dem Stand vom 9. August 2021, teilweise deutlich veraltet, teilweise schlicht falsch. So sind verschiedene bereits zum 1. Januar 2018 in Kraft getretene Vorschriften zum elektronischen Geschäftsverkehr noch nicht hinreichend eingearbeitet, die angegebenen Gebührenangaben sind nicht aktuell und deshalb zu niedrig, und der Hinweis, dass im Bagatellverfahren die Revision an das Oberlandesgericht eröffnet sei, ist völlig unhaltbar.

Grundsätzlicher stellt sich allerdings die Frage, wem mit solchen Informationen das Europäische Bagatellverfahren überhaupt schmackhaft gemacht werden soll. Unternehmen, die gegen Verbraucher vorgehen, sind in aller Regel bestens anwaltlich vertreten und kaum auf solche Fingerzeige angewiesen. Entsprechendes gilt für Inkassounternehmen, die sich in geeigneten Fällen ohnehin routiniert des Verfahrens bedienen. Zu denken ist daher am ehesten an Privatleute, die nicht anwaltlich vertreten sind, und in der Tat betont die Europäische Kommission immer wieder, dass sich das Verfahren besonders für solche Antragsteller eigne, die keine Hilfestellung oder Vertretung durch einen Rechtsbeistand wünschen. Darauf weist sie schon in der Einführung in dem erwähnten Leitfaden für Anwender hin, der zudem gleich an mehreren Stellen warnend hervorhebt, dass

32 Beachte die neueren empirischen Angaben zu Informationsdefiziten bei *Kramer*, in: Hess/Ortolani, Rn. D 52 ff.

33 *Europäische Kommission*, Praktischer Leitfaden für das Europäische Verfahren für geringfügige Forderungen, https://e-justice.europa.eu/fileDownload.do?id=6fa064ef-f024-45e5-bb82-1b54d359fbb4 (abgerufen am 03.11.2021).

34 Ebenso *Kramer*, in: Hess/Ortolani, Rn. D 55.

35 Vgl. https://e-justice.europa.eu/354/DE/small_claims?GERMANY&member=1 (abgerufen am 03.11.2021).

eine Partei, die sich gleichwohl eines Anwalts bedient, selbst im Obsiegensfall damit rechnen muss, dessen Gebühren nicht erstattet zu bekommen (vgl. Art. 16 S. 2 EuGFVO).

In Wirklichkeit erscheint die Vorstellung, dass Laien das Europäische Bagatellverfahren auf eigene Faust erfolgreich durchführen könnten, geradezu abwegig.[36] Das gilt selbst dann, wenn in der Hauptsache kollisionsrechtlich das Recht des Gerichtsstaats zur Anwendung kommt, was sich in den erfassten grenzüberschreitenden Streitigkeiten (Art. 3 EuGFVO) keineswegs von selbst versteht. Vor allem bedarf es schon einiger Expertise, um zu entscheiden, ob ein Rechtsschutzsuchender auf das Europäische Bagatellverfahren, ein nationales Bagatellverfahren, das Europäische oder ein nationales Mahnverfahren, eine klassische Klage nach Maßgabe der *lex fori* oder womöglich auf ein Instrument der Alternativen Streitbeilegung zurückgreifen soll.[37] Die Komplexität grenzüberschreitender Sachverhalte und Verfahren hängt kaum mit dem in Rede stehenden Streitwert zusammen, und niemand sollte ernsthaft meinen, dass sie sich dadurch reduzieren ließe, dass man mit den Anwälten ausgerechnet diejenigen außen vor lässt, die noch am ehesten in der Lage sind, die Komplexität überhaupt zu erkennen und angemessen zu bewältigen.

Statt anwaltliche Unterstützung für entbehrlich zu erklären, sollte die Europäische Kommission, so könnte man meinen, vielmehr darauf setzen, die Anwaltschaft als Multiplikator für das Europäische Bagatellverfahren zu gewinnen. Für Anwälte, die zunächst und vor allem das Gebührenpotential einer Auseinandersetzung im Auge haben, erscheint das Bagatellverfahren freilich kaum attraktiv.[38] Eher schon wird ein uneigennütziger, vor allem am Prozesserfolg interessierter Klägeranwalt, der mit dem Verfahren hinreichend vertraut ist, es womöglich als verlockend empfinden, dass die Verteidigungsmöglichkeiten des Beklagten, insbesondere was den Zugang zu einer mündlichen Verhandlung oder den möglichen Ausschluss kostenintensiver Beweismittel angeht, erstaunlich weitgehend eingeschränkt sind.[39] Deutlich schwerer erscheint es indes, seriöse Anwälte

---

36 Zweifelnd auch *v. Hein/Imm*, in: v. Hein/Kruger, S. 213 (237), dort mit Hinweis auf entsprechende Äußerungen in Interviews mit Praktikern.

37 Laut *Schack*, ZVglRWiss 119 (2020), 237 (250), können selbst Anwälte mit dieser Frage überfordert sein.

38 Dazu *Leipold*, in: FS Prütting, S. 401 (408 f.).

39 *Hüßtege*, in: Thomas/Putzo, ZPO, Anhang zu § 1109 Rn. 3, meint gar, dass die reformierte Bagatellverordnung die Rechte des Beklagten nicht mehr hinnehmbarer Weise schmälere und dass die Grenzen eines rechtsstaatlichen Verfahrens überschritten seien.

für das Europäische Bagatellverfahren zu begeistern: Warum, so fragt man sich, sollte ein Anwalt, der haftungsrechtlich gehalten ist, seinem Mandanten den sichersten Weg einzuschlagen, das Europäische Bagatellverfahren empfehlen, bei dem die Gefahr besteht, dass das angerufene Gericht eine Klage, die es für offensichtlich unbegründet hält, ohne Weiteres abweist (Art. 4 Abs. 4 EuGFVO)?[40] Und warum sollte er riskieren, seinem Mandanten, selbst wenn der Prozess gewonnen wurde, erklären zu müssen, dass dieser die entstandenen Anwaltskosten, abweichend von § 91 ZPO, womöglich selbst zu tragen habe (Art. 16 S. 2 EuGFVO)?[41]

2. De lege ferenda

Trotz mancherlei Kritik an einzelnen Regelungen wird derzeit, soweit ersichtlich, eine Abschaffung der EuGFVO nicht ernstlich gefordert; insoweit sieht sie sich also weniger im Kreuzfeuer als die EuVTVO.[42] Allerdings könnte schon bald die nächste Reform anstehen: Gemäß Art. 28 EuGFVO hat die Europäische Kommission bis zum 15. Juli 2022 einen Bericht über die bisherige Anwendung der Verordnung vorzulegen. Dabei wird ausdrücklich eine Stellungnahme zu zwei Punkten erwartet: zum einen dazu, ob eine weitere Anhebung der Wertgrenze angemessen erscheint, um Bürgern sowie kleinen und mittleren Unternehmen den Zugang zur Justiz bei grenzüberschreitenden Rechtssachen zu erleichtern, und zum anderen dazu, ob der Anwendungsbereich auf die derzeit ausgeschlossenen (Art. 2 Abs. 2 lit. h EuGFVO) arbeitsrechtlichen Streitigkeiten, insbesondere über Gehaltsansprüche, ausgeweitet werden soll.

Im Hinblick auf Letzteres sollte man bedenken, dass sich in aller Regel schon streitwertbedingt weder klassische Kündigungsschutzklagen noch Klagen von Arbeitnehmern auf wiederkehrende Leistungen in ein Bagatellverfahren fügen (vgl. für Deutschland § 42 Abs. 1 und 2 GKG). Es darf aber auch bezweifelt werden, ob sich die EuGFVO sonderlich gut für sonstige Streitigkeiten, etwa über die Zahlung von Boni, eines Restlohns oder einer Abfindung, eignet. Dabei mag aus deutscher Sicht auch zu denken geben, dass die Zuweisung des Europäischen Mahnverfahrens an die Ar-

---

40 Darauf verweist *Baumert*, RIW 2018, 555 (556); kritisch auch *Leipold*, in: FS Prütting, S. 401 (411 ff.).

41 Dazu *Leipold*, in: FS Prütting, S. 401 (410 f.).

42 Vgl. *Hardung*, Die europäische Titelfreizügigkeit, S. 291 ff.; *M. Stürner*, ZVglRWiss 119 (2020), 143 (160 ff.).

beitsgerichte (vgl. § 46b ArbGG) offenbar keinerlei Resonanz in der Praxis gefunden hat.[43]

Was die Erweiterung des Anwendungsbereichs der EuGFVO im Übrigen angeht, stand bekanntlich schon im Vorfeld der Reform von 2015 eine Erhöhung des Streitwerts auf 10.000 EUR zur Debatte.[44] Insbesondere Deutschland hat sich dagegen ausgesprochen, und zwar schon deshalb, damit die Europäischen Bagatellverfahren zumindest in aller Regel (soweit nicht ausnahmsweise eine streitwertunabhängige Sonderzuweisung an die Landgerichte eingreift) bei den Amtsgerichten geführt werden können.[45] Aber auch völlig unabhängig von einer solchen Besonderheit des deutschen Zuständigkeitsrechts, auf die der europäische Gesetzgeber natürlich keine Rücksicht nehmen muss, empfiehlt es sich nach hier vertretener Ansicht keineswegs, die Streitwertgrenze weiter anzuheben, um auf diese Weise die Fallzahlen zu erhöhen. Das würde an einen leidenschaftlichen Spieler erinnern, der auf eine Serie von Verlusten nicht mit einer neuen Strategie, sondern mit einer Verdoppelung des Einsatzes reagiert. Vielmehr gilt es, wie bereits erwähnt, endlich die im Schrifttum intensiv diskutierten Fragwürdigkeiten der Verordnung in den Blick zu nehmen und kritisch zu hinterfragen: Europa braucht nicht unbedingt mehr Europäische Bagatellverfahren, sondern ein besseres Europäisches Bagatellverfahren.

V. Vorbildfunktion der EuGFVO?

Die EuGFVO stellt schon in Art. 1 klar, dass sie nur als Alternative zu funktionsäquivalenten innerstaatlichen Verfahren gedacht ist. In der deutschen Gerichtspraxis spielt das in § 495a ZPO vorgesehene vereinfachte Verfahren nach billigem Ermessen eine wichtige Rolle: Obwohl es nur bis zu einem Streitwert von 600 EUR statthaft ist, wurde 2020 ein Drittel aller Amtsgerichtsprozesse durch streitiges Urteil im vereinfachten Verfahren erledigt.[46] Mit anderen Worten: auf 100 solcher Fälle kommt in Deutschland nur ein einziges Europäisches Bagatellverfahren. Allerdings wird man davon ausgehen müssen, dass das Verfahren gemäß § 495a ZPO keine grö-

43 So verzeichnet juris keine einzige einschlägige Entscheidung.

44 Dafür seinerzeit der Kommissionsvorschlag, KOM (2013) 794 endg.

45 Siehe dazu den Beitrag von *Wagner*, in diesem Band, S. 31.

46 *Statistisches Bundesamt*, Rechtspflege Zivilgerichte 2020, S. 22.

ßere Bedeutung speziell in grenzüberschreitenden Auseinandersetzungen hat.

Der Erlass der EuGFVO hat sich nicht auf den älteren § 495a ZPO ausgewirkt, und zwar weder, soweit ersichtlich, auf dessen praktische Handhabung noch auf die Ausgestaltung seines Anwendungsbereichs durch den Gesetzgeber. Kein Gehör fand namentlich der Vorschlag, die Streitwertgrenze in § 495a ZPO entsprechend der früheren 2.000 EUR-Grenze der Verordnung anzuheben.[47] Eher hätte man erwarten können, dass der EuGFVO eine gewisse Vorbildfunktion im Rahmen der Diskussion über die gebotene Modernisierung des deutschen Zivilprozesses zukommen würde, die jüngst vor dem Hintergrund der Covid-19-Krise enorm an Fahrt aufgenommen hat.[48] In der Tat wird derzeit unter anderem die Einführung eines beschleunigten Online-Verfahrens im Verbrauchergeschäft erwogen, und zwar für Streitwerte bis 5.000 EUR, was also der aktuellen Streitwertgrenze der EuGFVO entspricht.[49] Bemerkenswert ist allerdings, dass in der deutschen Diskussion darüber, wie ein solches Verfahren im Einzelnen zu konfigurieren wäre, bislang nicht die Übernahme von Lösungen der EuGFVO vorgeschlagen wird.[50]

Auch auf überstaatlicher Ebene gibt es kaum Stimmen, die der EuGFVO eine Vorbildfunktion für ein künftiges europäisches Zivilprozessrecht zuerkennen. Vielmehr wird dies häufig ausdrücklich abgelehnt, meist unter Verweis auf die Zweifel im Hinblick auf die Vereinbarkeit einiger Vorgaben der Verordnung mit Art. 6 EMRK und Art. 47 EU-GrCh.[51] Auch die Verfasser der 2020 vorgelegten ELI-UNIDROIT Model European Rules of Civil Procedure verzichten offenbar auf Anleihen bei der EuGFVO.[52] Sie haben aber immerhin davon abgesehen, eigene Regeln für Streitigkeiten über geringfügige Forderungen vorzuschlagen. Zur Begrün-

---

47 Kritisch *Jennissen/Eichel*, in: Schuschke/Walker/Kessen/Thole, Vollstreckung und Vorläufiger Rechtsschutz, Vor §§ 1097-1109 ZPO Rn. 3.

48 Hierzu etwa *Hau*, in: Krans/Nylund, S. 93 (99 ff.).

49 Beachte den Überblick über die Vorschläge der Arbeitsgruppe „Modernisierung des Zivilprozesses“ bei *Dickert*, DRiZ 2020, 296.

50 Vgl. *Meller-Hannich*, AnwBl 2021, 288; *Voß*, VuR 2021, 243; beachte zuvor schon *Zwickel*, in: Ferrand/Knetsch/Zwickel, S. 181.

51 Nachdrücklich *Rechberger*, in: FS Leipold, S. 301 (313 f.); eine Vorbildfunktion der Verordnung bezweifeln zudem etwa *Hau*, in: Nylund/Strandberg, S. 61 (74 f.); *Huber*, RIW 2018, 625 (630); *Leipold*, in: FS Prütting, S. 401; *Oster*, ZZPInt 23 (2018), 137 (158); *M. Stürner*, ZVglRWiss 119 (2020), 143 (165 f.). Siehe auch oben II.

52 Dazu und zum Folgenden ELI-UNIDROIT Model European Rules of Civil Procedure, Preamble Rn. 62.

dung wird, womöglich als freundliche Geste gegenüber der Europäischen Kommission, darauf hingewiesen, dass insoweit mit der EuGFVO bereits ein Modell zur Verfügung stehe. Gewichtiger dürfte indes eine andere Abwägung gewesen sein, nämlich der Hinweis darauf, dass die Entwicklung im Bereich der Nutzung künstlicher Intelligenz gerade im Hinblick auf die Durchsetzung von Bagatellansprüchen dermaßen rasant verlaufe, dass es sich gegenwärtig schlicht nicht anbiete, irgendwelche Empfehlungen zu erarbeiten.

Literaturverzeichnis

Baumert, Andreas, Die EuVTO im System des Europäischen Zivilverfahrensrechts – Ein Kommentar aus Sicht der Praxis, RIW 2018, 555-558.

Brokamp, Arno, Das Europäische Verfahren für geringfügige Forderungen, Tübingen 2008.

Dickert, Thomas, Thesen zur Modernisierung des Zivilprozesses, DRiZ 2020, 296-299.

Eichel, Florian, Zur Rolle des Streithelfers bei der Begründung grenzüberschreitender Sachverhalte als Voraussetzung Europäischen Zivilverfahrensrechts, IPRax 2020, 7-12.

Einhaus, David, Die revidierte EuGFVO im System des europäischen Zivilverfahrensrechts, RIW 2018, 631-634.

ELI-UNIDROIT Model European Rules of Civil Procedure, Oxford 2021.

Garber, Thomas, Die Stellung des Verbrauchers im Europäischen Zivilprozessrecht – Ein Vergleich zwischen EuGVVO, EG-VollstrTitelVO, EG-MahnVO und EG-BagatellVO, ÖJZ 2011, 197-207.

Hardung, Philipp F., Die europäische Titelfreizügigkeit – Ein Beitrag zur Konsolidierung und Kohärenzförderung, Tübingen 2020.

Hau, Wolfgang, Das neue europäische Verfahren zur Beitreibung geringfügiger Forderungen, JuS 2008, 1056-1059.

Ders., Zur Fortentwicklung des europäischen Verfahrens für geringfügige Forderungen, in: Festschrift für Peter Gottwald zum 70. Geburtstag, hrsg. v. *Adolphsen, Jens u.a.*, München 2014, S. 255-266.

Ders., Europeanisation of Civil Procedure: Overcoming Follow-Up Fragmentation through Bottom-Up Harmonisation?, in: *Nylund, Anna/Strandberg, Magne* (Hrsg.), Civil Procedure and Harmonisation of Law, Cambridge 2019, S. 61-76.

Ders., COVID-19, Civil Justice 2020, and German Courts 2021?, in: *Krans, Bart/ Nylund, Anna* (Hrsg.), Civil Courts Coping with Covid-19, Den Haag 2021, S. 93-102.

v. Hein, Jan/Imm, Tilman, Germany, in: *v. Hein, Jan/Kruger, Thalia* (Hrsg.), Informed Choices in Cross-Border Enforcement – The European State of the Art and Future Perspectives, Cambridge 2021, S. 213-247.

Hess, Burkhard/Bittmann, David, Zur Europäischen Mahnverfahrens- und Bagatellverordnung , IPRax 2008, 305-314.

Huber, Stefan, Der Kommissionsvorschlag zur Reform der EU-Mahn- und der EU-Bagatellverordnung – Fortentwicklung oder Paradigmenwechsel?, GPR 2014, 242-249.

Ders., Die Reform des europäischen Verfahrens für geringfügige Forderungen: Fremdkörper oder Baustein im System des europäischen Zivilprozessrechts?, RIW 2018, 625-631.

Kramer, Xandra, Specific Instruments: in: *Hess, Burkhard/Ortolani, Pietro* (Hrsg.), Luxembourg Report on European Procedural Law, Vol. I: Impediments of National Procedural Law to the Free Movement of Judgments, München 2019, S. 207-239.

Leipold, Dieter, Das europäische Verfahren für geringfügige Forderungen – Vorbild für einen Europäischen Zivilprozess?, in: Dogmatik im Dienst von Gerechtigkeit, Rechtssicherheit und Rechtsentwicklung, Festschrift für Hanns Prütting zum 70. Geburtstag, hrsg. v. *Brinkmann, Moritz u.a.*, Köln 2018, S. 401-416.

Linke, Hartmut/Hau, Wolfgang, Internationales Zivilverfahrensrecht, 8. Aufl., Köln 2021.

Meller-Hannich, Caroline, Beschleunigtes Online-Verfahren und Verfahrensgrundsätze, AnwBl 2021, 288-290.

Münchener Kommentar zur Zivilprozessordnung, hrsg. v. *Rauscher, Thomas/Krüger, Wolfgang*, Band 3: §§ 946-1120, 6. Aufl., München 2021.

Nordmeier, Carl Friedrich, Neuerungen im deutschen IZVR durch das Gesetz zur Änderung von Vorschriften im Bereich des Internationalen Privat- und Zivilverfahrensrechts, IPRax 2017, 436-442.

Oster, Jan, Ist Art. 5 Abs. 1, 1a EuGFVO grundrechtskonform?, ZZPInt 23 (2018), 137-158.

Rauscher, Thomas (Hrsg.), Europäisches Zivilprozess- und Kollisionsrecht, Bd. II: EG-VollstrTitelVO, EG-MahnVO, EG-BagatellVO, EU-KPfVO, HProrogÜbk 2005, EG-ZustVO, EG-BewVO, EG-InsVO, 4. Aufl., Köln 2015.

Rechberger, Walter H., Die neue Generation – Bemerkungen zu den Verordnungen Nr. 805/2004, Nr. 1896/2006 und Nr. 861/2007 des Europäischen Parlaments und des Rates, in: Festschrift für Dieter Leipold zum 70. Geburtstag, hrsg. v. *Stürner, Rolf u.a.*, Tübingen 2009, S. 301-316.

Schack, Haimo, Anerkennungs- und Vollstreckungsversagungsgründe im Europäischen Zivilprozessrecht, ZVglRWiss 119 (2020), 237-253.

Schuschke, Winfried/Walker, Wolf-Dietrich/Kessen, Martin/Thole, Christoph (Hrsg.), Vollstreckung und Vorläufiger Rechtsschutz, Kommentar, 7. Aufl., Köln 2020.

Statistisches Bundesamt, Rechtspflege Zivilgerichte 2020 (Fachserie 10 Reihe 2.1), 2021.

Stürner, Michael, Der Anwendungsbereich der EU-Verordnungen zur grenzüberschreitenden Forderungsdurchsetzung, ZVglRWiss 119 (2020), 143-166.

Sujecki, Bartosz, Änderung des Europäischen Verfahrens für geringfügige Forderungen, ZRP 2014, 84-86.

Thomas/Putzo, hrsg. v. *Hüßtege, Rainer/Seiler, Christian*, Zivilprozessordnung, 42. Aufl., München 2021.

Voß, Wiebke, Verbraucherfreundlich, verfahrensökonomisch, verfassungskonform? Zum Vorschlag eines Beschleunigten Online-Verfahrens, VuR 2021, 243-250.

Wolber, Johannes, Der Beitritt der Europäischen Union zur EMRK im Lichte des Europäischen Zivilprozessrechts – Eine kritische Analyse des Gutachtens 2/13 des EuGH, ZEuP 2017, 936-952.

Zwickel, Martin, Bürgernahe Ziviljustiz: Ideen für ein digitales Bagatellverfahren, in: *Ferrand, Frédérique/Knetsch, Jonas/Zwickel, Martin* (Hrsg.), Die Digitalisierung des Zivilrechts und der Ziviljustiz in Deutschland und Frankreich, Erlangen 2020, S. 181-244.

Die europäische vorläufige Kontenpfändung: Konzept, Umsetzung, Bewährung

Peter Kreutz

Inhalt

I. Einleitung 96
1. Sicherung späterer Zwangsvollstreckung 96
2. Metaphern und ihr Gewicht 97
II. Die Konzeption des Instituts einer europäischen vorläufigen Kontenpfändung 98
1. Vorbereitungen zur Normsetzung 99
2. *EuGH*, Rs. *Denilauler/SNC Couchet Frères* 100
3. Konzeption eines Verfahrens 102
III. Die Umsetzung des Konzepts in der EuKPfVO 104
1. Voraussetzungen für ein Verfahren nach der EuKPfVO 105
2. Im Fokus: Nachweisführung 106
3. Europäischer Beschluss zur vorläufigen Pfändung 108
4. Rechtsbehelfe 110
5. Deutsches Durchführungsrecht 111
IV. Zur Bewährung des Instituts einer europäischen vorläufigen Kontenpfändung 113
1. Prüfaufträge in der EuKPfVO 113
2. Verändertes politisches Umfeld 115
Literaturverzeichnis 118

Achilles gehörte fraglos zu den markantesten Heldengestalten des antiken Griechenlands; namentlich *Homers* Ilias widmet sich – trotz ihres Titels – vornehmlich seinen Heldentaten im großen Trojanischen Krieg, was noch *Alexander den Großen* zu seinem Persien- und Asienzug inspiriert haben soll[1]. Der Ausgangspunkt des Prologs zu diesem Beitrag mag zunächst irritieren, doch war es die Europäische Kommission im Jahr 2006 selbst, die recht unprätentiös eine Verbindung zwischen der europäischen vorläu-

1 Weiteres bei *Sigel*, Achilleus, in: Cancik/Schneider, Sp. 76 mit 81.

figen Kontenpfändung und dem legendenumrankten Helden herstellte: In ihrem Grünbuch[2], durch das sie das Institut einer europäischen vorläufigen Kontenpfändung und die es normierende Verordnung konzeptionell vorbereitete, schreibt sie wörtlich:

> „Das Vollstreckungsrecht wird häufig als *Achillesferse* des europäischen Zivilrechtsraums bezeichnet. Zwar gibt es auf EU-Ebene Vorschriften für die gerichtliche Zuständigkeit, die Anerkennung und die Erklärung der Vollstreckbarkeit von Urteilen sowie Verfahren für die gerichtliche Zusammenarbeit in Zivilsachen, aber zur Vollstreckung als solcher liegt noch kein Legislativvorschlag vor."[3] (Hervorhebung durch den Autor)

Wenn die Europäische Kommission also den Bezug auf den hellenischen Heroen herstellt, so scheint sie dabei klassischste europäische Mythologie zu referenzieren. Immerhin gilt *Homer* als einer der frühesten Dichter, dessen Werke uns erstens überliefert sind, die zudem und zweitens maßgeblich zur zunächst griechischen, dann römischen und schließlich europäischen Identitätsformung beigetragen haben.[4] Der Verweis auf *Achilles* scheint die europäische vorläufige Kontenpfändung damit recht unvermittelt in direkten Bezug zum Kernbestand europäisch-westlicher Mentalitäts-, Kultur- und Zivilisationsbildung zu stellen.

I. Einleitung

1. Sicherung späterer Zwangsvollstreckung

Die Plausibilität des sachlichen Aussagegehaltes der Metapher von der Achillesferse im Hinblick auf das europäische Zivilverfahrensrecht ist grundsätzlich nicht zu bestreiten, denn natürlich erweist sich die rechtliche Werthaltigkeit eines Titels an den Möglichkeiten, ihn tatsächlich durchzusetzen, notfalls mit den Mitteln des staatlichen Gewaltmonopols im Wege der Zwangsvollstreckung. Letztere wiederum darf dann nicht dadurch entwertet sein, dass beim Schuldner Werthaltiges nicht mehr vorhanden ist und der Vollstreckungszugriff ganz oder teilweise ins Leere

---

2 Zu diesem Dokument *Bruns*, ZEuP 2010, 809.

3 KOM (2006) 618 endg., S. 2.

4 Dazu etwa *Wesselmann/Gyr*, in: Archäologisches Landesmuseum Baden-Württemberg u.a., S. 32 f. Siehe auch *Fitton/Villing*, in: Villing u.a., S. 16 ff.

geht. Von daher bedarf es natürlich der Möglichkeit einer präventiven Sicherung von Schuldnervermögen zur Sicherstellung späterer Vollstreckbarkeit, wie sie das deutsche Zivilverfahrensrecht in Gestalt eines Arrests nach den §§ 916 ff. ZPO, der in Form eines Kontenpfändungsbeschlusses nach § 829 ZPO (oder auch § 309 AO) umgesetzt wird, natürlich kennt. Diese Konstellation ist es insoweit auch, der – dies sei hier schon einmal akzentuiert – der Europäischen Beschluss der vorläufigen Kontenpfändung nach Art. 17 EuKPfVO strukturell und in den Zielen[5] im deutschen Zivilverfahrensrecht am nächsten kommt. Für das deutsche Recht hat schon das *BVerfG* betont,[6] dass es Aufgabe des vorläufigen bzw. einstweiligen Rechtsschutzes sei, der Schaffung endgültiger Tatsachen, die nicht mehr rückgängig gemacht werden könnten, präventiv zu begegnen. In seinem Judikat, der viel diskutierten „Kruzifix"-Entscheidung aus dem Jahr 1995,[7] bezog sich das Gericht zwar auf einen Sachverhalt, der gerade durch eine Maßnahme des Eilrechtsschutzes geschaffen worden war, die niedergelegten Grundsätze können insoweit jedoch, vielleicht sogar erst recht als eine allgemeine Beschreibung der Ziele des Präventivrechtsschutzes gelesen werden[8], wie sie selbstredend auch für vorläufige Guthabenpfändungen auf Schuldnerkonten gelten.

2. *Metaphern und ihr Gewicht*

Blickt man auf die vorstehende Skizze der sachlichen Zusammenhänge, so liegt der Eindruck nahe, dass sich die Europäische Kommission bei aller tatsächlichen Relevanz der Thematik[9] in der Metaphorik zu ihrem Konzept einer vorläufigen Kontenpfändung womöglich vergriffen haben könnte, denn natürlich ist die vorläufige Kontenpfändung nach nationalem wie nach Europäischem Zivilverfahrensrecht ein wichtiger Baustein des Zivilverfahrensrechts, der dessen tatsächliche Effektivität markant sichern hilft. Ob im Bereich der vorläufigen Kontenpfändung aber die einzig wirklich verwundbare Stelle des Europäischen Zivilverfahrensrechts liegt, wie das Bild von der Achillesferse nahelegt, darf aber wohl füglich bezweifelt werden. Es wäre womöglich vorzugswürdig gewesen, hätte die

---

5 Zu diesen für den Arrest etwa *Drescher*, in: MüKoZPO, Vor § 916 ff. Rn. 1 f. und 8; *Huber*, in: Musielak/Voit, ZPO, § 916 Rn. 1.
6 *BVerfG*, Beschl. v. 16.05.1995 – 1 BvR 1087/91, NJW 1995, 2477.
7 Dazu etwa *v. Campenhausen*, AöR 121 (1996), 448.
8 So etwa *Huber*, in: Musielak/Voit, ZPO, § 916 Rn. 1.
9 Instruktiv etwa die Einleitung in *Riebold*, Die Europäische Kontopfändung, S. 1 ff.

Europäische Kommission einen Bezug von geringerem Gewicht gewählt. Letztlich zeigt sie darin nämlich auch eine nur bedingte Sattelfestigkeit in europäischer Mythologie: *Homer* behandelt weder den Tod des *Achilles*[10] noch dessen berühmte Ferse in seinen Epen, die sonstige Literatur zum Trojanischen Krieg überliefert mannigfaltige Ursachen, die zum Ableben des Helden geführt haben sollen[11]; das abhärtend-mütterliche Bad im Styx (Ursache der Verwundbarkeit nur an der Ferse) findet sich – soweit zu blicken ist – nur bei dem (letztlich in zweiter Reihe stehenden) römisch-kaiserzeitlichen Autor *P. Papinius Statius*.[12] Schon der literarisch ungleich bedeutendere *P. Ovidius Naso* hält den gesamten Menschen *Achilles* für verwundbar,[13] der letztlich sprichwörtlich gewordenen Ferse bedurfte es in seinen Augen offenbar nicht.[14] Auch der europäischen vorläufigen Kontenpfändung und ihrer Rezeption wäre es wohl zuträglich gewesen, hätte sich die Europäische Kommission eher an *Ovid* gehalten und des Bezugs zu einer letztlichen bloßen Redensart enthalten, denn ihr Aussagewert ist bei detailschärferer Betrachtung (siehe gerade) verschwindend, damit aber geschieht dem beschriebenen Rechtsinstitut durchaus Unrecht. Dass es sich bei diesem Institut und der entsprechenden Verordnung um ein innovatives Element modernen Zivilverfahrensrechts handelt, soll freilich nicht unbeachtet bleiben. Gerade dies zu analysieren und die europäische vorläufige Kontenpfändung nach Konzeption, Umsetzung und Bewährung darzustellen und zu beleuchten, sei daher Aufgabe und Ziel dieses Beitrags.

II. Die Konzeption des Instituts einer europäischen vorläufigen Kontenpfändung

Die EuKPfVO bildet in gewisser Weise den Abschluss einer Rechtsetzungsserie,[15] die man – je nach Fokus – mit der Brüssel I-VO im Jahr 2000 beginnen lassen kann und die neben dieser und der Brüssel II-VO auch deren Revisionen (Brüssel Ia-VO und Brüssel IIa-VO) sowie insbesondere eine Reihe weiterer Verordnungen zum Europäischen Zivilverfahrensrecht umfasst, deren relevanteste Gegenstand der verschiedenen Erörterungen

10 Sieht man vom Bericht des reinen Faktums durch den in die Unterwelt versetzten Agamemnon im Epilog der Odyssee ab, *Homer*, Odyssee 24, 36-42.

11 Überblick in *Sigel*, Achilleus, in: Cancik/Schneider, Sp. 76 mit 81.

12 *Statius*, Achilleis 1, 269 f. und 480.

13 *Ovid*, Metamorphosen, 12, 597-606.

14 Siehe zur Genese der fraglichen Metaphorik *Burgess*, Achilles′ Heel, S. 217 ff.

15 Überblick in *Kreutz*, JA 2019, 641.

dieses Bandes sind, wobei zwischen der EuGFVO aus dem Jahr 2007 und der EuKPfVO aus dem Jahr 2014 ein gewisser zeitlicher Abstand zu konstatieren ist, in den aus verfahrensrechtlicher Perspektive lediglich eine Revisionsfassung in Form der Brüssel Ia-VO (2012) fällt. Insoweit kann man der EuKPfVO als faktischen Schlusspunkt der Normierungsaktivitäten durchaus strukturell resümierenden Charakter zusprechen.

1. *Vorbereitungen zur Normsetzung*

Vorbereitet wurde die europäische vorläufige Kontenpfändung durchaus langfristig und gewiss nicht frei von konzeptionellen Mäandern,[16] schlussendlich aber in Idee und Umsetzung auf prinzipielle Art folgerichtig.[17] Den letztlich maßgeblichen Anstoß[18] erhielt die Normsetzung durch Überlegungen des „Stockholmer Programms" aus dem Jahr 2010,[19] das seinerseits wiederum die Schlussfolgerungen von Tampere[20] aus dem Jahr 1999 fortentwickelt. Die Kernkonzeption einer europäischen vorläufigen Kontenpfändung[21] findet sich bereits in jenem „Grünbuch zur effizienteren Vollstreckung von Urteilen in der Europäischen Union: vorläufige Kontenpfändung"[22] aus dem Jahr 2006, aus dem das in der Einleitung bereits zitierte Achillesbild stammte, das freilich in einen Absatz eingebettet

16 Siehe zur Geschichte bis zur EuKPfVO den Überblick bei *Hilbig-Lugani*, in: MüKoZPO, vor Art. 1 EuKoPfVO Rn. 4 ff.; *Harbeck*, in: Kindl/Meller-Hannich, Zwangsvollstreckung, vor EuKoPfVO Rn. 4 ff.

17 Überblick in KOM (2006) 618 endg., S. 3.

18 Siehe etwa den Verordnungsentwurf, KOM (2011) 445 endg.

19 Das Stockholmer Programm – Ein offenes und sicheres Europa im Dienste und zum Schutz der Bürger, ABl. EU C 115 v. 04.05.2010, S. 1. Ausdrücklicher Bezug in ErwGr 4 EuKPfVO. Zum Programm selbst *Wagner*, IPRax 2010, 97; instruktiv auch *Wagner*, IPRax 2014, 217.

20 Abgedruckt in NJW 2000, 1925; Haager Programm zur Stärkung von Freiheit, Sicherheit und Recht in der Europäischen Union, ABl. EG C 53 v. 03.03.2005, S. 1; Stockholmer Programm – Ein offenes und sicheres Europa im Dienste und zum Schutz der Bürger, ABl. EU C 115 v. 04.05.2010, S. 1. Siehe zu den Grundbezügen *Hess*, JZ 2005, 540.

21 Zur Konzeption der europäischen vorläufigen Kontenpfändung äußern sich ebenfalls *Sujecki*, EWS 2011, 401; *Cranshaw*, DZWIR 2012, 399; *Häcker*, WM 2012, 2180; *Harbeck*, ZInsO 2012, 805; *Hess*, DGVZ 2012, 69; *Müller*, RIW 2012, 151; *Sujecki*, EuZW 2012, 327; *Domej*, ZEuP 2013, 496; *Skamel/Wilhelm*, ZInsO 2014, 1789; *Stamm*, IPRax 2014, 124; *Hess/Raffelsieper*, IPrax 2015, 46; *Fawzy*, DGVZ 2015, 141; sowie monographisch *Riebold*, Die Europäische Kontopfändung.

22 ErwGr 3 EuKPfVO.

ist, der den seinerzeitigen Kerncharakter des Europäischen Zivilverfahrensrechts ebenso treffend wie prägnant beschreibt und dessen Fokussierung auf eine Titelschaffung hervorhebt, Vollstreckung und schon Sicherung der Vollstreckbarkeit aber bis dato als außer Betracht rügte; insoweit wird recht abstrakt der Motivationshintergrund der Normsetzung durch die Europäische Kommission greifbar[23]: Sie betont die Unterschiedlichkeit der Vollstreckungsvorschriften in den Mitgliedsstaaten der EU und das daraus sich ergebende Vollstreckungserschwernis im grenzüberschreitenden Verkehr, namentlich in Form grundsätzlich unterschiedlicher Rechtssysteme, überdies Verfahrensvorschriften und schließlich Sprachbarrieren. All dies sei angetan, einen Vollstreckungsvorgang zu verteuern und besonders auch zu verzögern.[24] Dem soll mit der europäischen vorläufigen Kontenpfändung zumindest teilweise begegnet werden.[25] Andererseits spricht die Europäische Kommission aber wiederum etwas sehr ins Bildliche gewendet vom dem neu zu schaffenden Institut als einer „wirkungsvollen Waffe gegen zahlungsunwillige oder böswillige Schuldner"[26].

2. EuGH, *Rs.* Denilauler/SNC Couchet Frères

Eine zentrale Erwägung, warum die Europäische Kommission in den Festlegungen der EuKPfVO schlussendlich ein eigenständiges Rechtsinstitut mit spezifisch ausgestaltetem Verfahren vorgeschlagen und dann zur Normierung gebracht hat, liegt nicht zuletzt in markant verfestigter Rechtsprechung des *EuGH* begründet.[27] Diese Judikatur[28] gehört zu den traditionellen Positionen des Luxemburger Gerichts. Sie erging im Jahr 1980 noch zum EuGVÜ 1968. Die Grundsätze der Entscheidung wurden freilich auch unter Brüssel I-VO und Brüssel Ia-VO als maßgeblich angesehen und in wesentlichen Bezügen bis in die jüngere Vergangenheit hinein bekräftigt und differenziert.[29] Auf der Grundlage dieser Rechtsprechung hatte man in Art. 31 Brüssel I-VO und in Art. 35 Brüssel Ia-VO den vorläufigen

---

23 KOM (2006) 618 endg., S. 2. Weiteres auch in ErwGr 7 und 47 EuKPfVO.

24 KOM (2006) 618 endg., S. 2 f. Dazu auch ErwGr 5 EuKPfVO.

25 Siehe auch ErwGr 7 und 47 EuKPfVO.

26 KOM (2006) 618 endg., S. 3.

27 KOM (2006) 618 endg., S. 3 Fn. 3.

28 *EuGH*, Urt. v. 21.05.1980, C-125/79 – *Denilauler/SNC Couchet Frères*.

29 *EuGH*, Urt. v. 17.11.1998, C-391/95 – *Van Uden Maritime BV/Deco-Line KG*, Rn. 46 f.; *EuGH*, Urt. v. 27.04.1999, C-99/96 – *Mietz/Intership Yachting Sneek BV*, Rn. 54 f.

Rechtsschutz bei den Mitgliedsstaaten belassen und von einer wie auch immer gearteten (punktuellen) Einbeziehung in das bis dato entwickelte Europäische Zivilverfahrensrecht abgesehen.[30] Von diesem Zustand ging das Grünbuch der Europäischen Kommission ausdrücklich aus.

Die Entscheidungsgründe, mit denen der *EuGH* seine Judikatur gestützt hatte und die seither in der Sache weitergeführt wurden, betonten, dass Vollstreckungstitel, die in einem wirklichen *ex parte*-Verfahren ohne Schuldnerbeteiligung geschaffen werden, mit der Folge, dass der Schuldner erst mit Beginn der Vollstreckung selbst von diesem Umstand formale Kenntnis erlangt und auch erst dann reaktiv tätig zu werden vermag, wegen der besonderen Spezifik dieser Situation dem jeweils nationalen Vollstreckungsrecht zugewiesen bleiben sollten, da insoweit ja eine andere Struktur und ein anderes Niveau an Schutzmechanismen vorzusehen wäre, als dies im grundsätzlich kontradiktorisch gedachten Europäischen Zivilverfahrensrecht der Brüssel-Verordnungen angelegt war. Wesentlich war dem *EuGH* schon 1980, dass rechtliches Gehör für den Schuldner belastbar gewährleistet wird und dass darüber hinaus tatsächlich die Vorläufigkeit der Eilrechtsschutzmaßnahme gesichert war.[31] Von daher formulierte der *EuGH* zum einen Kriterien für Ladung und Zustellung,[32] zum anderen für die Einhegung und konkrete Gestaltung der gesamten Sicherungsmaßnahme durch den Richter, der in räumlicher Nähe zum Pfändungsgegenstand agiert[33]. Das vermochten die Normierungen des EuGVÜ 1968 nicht zu leisten, weswegen die Brüssel I-VO und die Brüssel Ia-VO insoweit ausdrückliche Ausnahmen enthielten bzw. enthalten. An exakt dieser Stelle setzt die Europäische Kommission mit ihrem Konzept einer vorläufigen Kontenpfändung nun an, indem sie ein eigenes Verfahren entwirft, welches die Kautelen der Luxemburger Richter für einstweiligen Rechtsschutz einhalten soll.[34] Ergänzt sei an dieser Stelle, dass seitens der Europäischen Kommission bereits für die Brüssel Ia-VO Vorschläge für die Einbeziehung von *ex parte*-Verfahren in diese Verordnung gemacht worden waren. Nachdem diese Ideen bei Brüssel Ia-VO nicht wirklich durchzusetzen waren, wurden sie in Gestalt der EuKPfVO in verändertem und merklich eingegrenztem sachlichen Umfeld erneut aufgegriffen.[35] In deren struktureller Umgebung beabsichtigte die Europäische Kommission ursprünglich, wei-

---

30 Weiteres bei *Kreutz*, GPR 2017, 307.

31 *EuGH*, Urt. v. 21.05.1980, C-125/79 – *Denilauler/SNC Couchet Frères*, Rn. 15.

32 *EuGH*, Urt. v. 21.05.1980, C-125/79 – *Denilauler/SNC Couchet Frères*, Rn. 17.

33 *EuGH*, Urt. v. 21.05.1980, C-125/79 – *Denilauler/SNC Couchet Frères*, Rn. 15 f.

34 Siehe dazu schließlich auch die ErwGr 17-19 und 34 EuKPfVO.

35 Dazu *Domej*, RabelsZ 78 (2014), 508 (545 f.); *Domej*, ZEuP 2013, 496 (516 ff.).

tere Rechtsinstitute im Europäischen Zivilverfahrensrecht zu schaffen,[36] was bislang freilich keine Umsetzung fand.

3. *Konzeption eines Verfahrens*

Das Verfahren, das zur europäischen vorläufigen Kontenpfändung selbst führen würde, beleuchtet das Grünbuch prägnant, aber zielführend und erwägt etwa verschiedene Stadien im Verlauf der Titelschaffung als mögliche früheste Einsatzzeitpunkte für den Europäischen Beschluss zur vorläufigen Pfändung.[37] Schon die Überlegungen zur Nachweisführung hinsichtlich des Titels bzw. der anspruchsbegründenden Umstände einerseits und dem konkreten Pfändungsgrund andererseits lesen sich durchaus instruktiv.[38] Nach den Intentionen der Europäischen Kommission bedarf es – so die amtliche Textfassung des Grünbuchs in deutscher Sprache – der „Glaubhaftmachung“,[39] wie sie im Rahmen summarischer Verfahren letztlich typisch ist, weswegen sie etwa der deutsche § 920 Abs. 2 ZPO ausdrücklich zum Wortlautmerkmal erhoben hat[40]; ein summarisches Verfahren gedenkt die Europäische Kommission ausweislich der Textpassage ausdrücklich zu schaffen. Das Grünbuch zitiert an der fraglichen Stelle eine gemeinrechtliche Formulierung in lateinischer Sprache, die auch der *EuGH* bei seinen Entscheidungen zum Eilrechtsschutz wiederholt angeführt hat,[41] es ginge um einen *fumus boni iuris*, um einen – so wörtlich – „Dunst guten Rechts“. Diese Phrase – gerne in Bezug gesetzt zu *periculum in mora*[42], „Gefahr bei Verzug“, – weist dabei den Weg zum Verständnis der Anforderungen des neuen Verfahrens und damit recht unmittelbar zum Verständnis etwa von Art. 9 EuKPfVO[43].

Bemerkenswert ist, dass das Grünbuch den Gedanken einer betragsmäßigen Deckelung des vorläufig zu pfändenden Guthabens zu reflektieren gibt, um missbräuchliche Verwendung des innovativen europäischen

---

36 KOM (2006) 618 endg., S. 3.

37 KOM (2006) 618 endg., S. 5.

38 KOM (2006) 618 endg., S. 5 f.

39 KOM (2006) 618 endg., S. 5.

40 Siehe dazu *Drescher*, in: MüKoZPO, § 920 Rn. 12 ff.; *Huber*, in: Musielak/Voit, ZPO, § 920 Rn. 9 ff.

41 Weiteres bei *Sladic*, Einstweiliger Rechtsschutz im Gemeinschaftsprozessrecht, S. 174 ff.

42 Etwa in *Hess*, in: Schlosser/Hess, EuZPR, Art. 7 EuKtPVO Rn. 3.

43 Breit zum Gegenstand auch ErwGr 14 EuKPfVO.

Rechtsinstituts zu vermeiden.[44] Die in Geltung gelangte EuKPfVO kennt eine solche Beschränkung jedoch nicht.

Der besonderen Spezifik des Präventivverfahrens tragen schließlich auch Fragestellungen Rechnung, die im Grünbuch zur Zustellung des erlassenen Beschlusses an die Bank aufgeworfen werden[45] und die natürlich der Eilbedürftigkeit des Sicherungszugriffs Rechnung tragen sollen. Im Grünbuch wird hier zunächst der Bezug zur EuZustVO hergestellt, bevor davon abweichende Wege, namentlich derjenige elektronischen Verkehrs, skizziert werden. Der nun geltende Art. 28 EuKPfVO formuliert denn auch ein eigenständiges (von der EuZustVO gelöstes[46]) Zustellungsregime für den Pfändungsbeschluss und sieht in Art. 29 Abs. 1 EuKPfVO vor, dass eine Zustellung durch „geeignete Mittel" erfolgen kann, worunter nach gängigem Verständnis auch elektronische Kommunikationsmittel oder das Telefax verstanden werden dürfen.[47]

Dass in einem *ex parte*-Verfahren dem Schutz des Schuldners, der ja nun erst nach dem Erlass des Europäischen Beschlusses zur vorläufigen Pfändung in Gestalt von dessen Vollstreckung von dem gesamten Verfahren erfährt, besonderes Gewicht zukommt, liegt auf der Hand (weswegen dieser Schutz – siehe zuvor – durch den *EuGH* breit in seinen Anforderungen diskutiert wurde). Dementsprechend skizziert das Grünbuch Rechtsbehelfe,[48] die in der Verordnung (hier dann schließlich Art. 33, 34 EuKPfVO) Niederschlag finden müssten, wobei es bei der Frage der Zuständigkeit für die gerichtliche Überprüfung noch zwischen dem erlassenden Gericht und dem am Ort der kontoführenden Bank schwankt. Eine besondere Akzentuierung erhält der Schuldnerschutz durch die Anregung eines eigenständigen Schadensersatzregimes im Kontext der Verordnungskonzeption.[49]

Auf die theoretische Konzeptionsphase folgte im Jahr 2011 ein systematischer Verordnungsentwurf,[50] der der Intention eines ersten Ansatzes zu

44 KOM (2006) 618 endg., S. 7.

45 KOM (2006) 618 endg., S. 9 f.

46 *Hilbig-Lugani*, in: MüKoZPO, Art. 29 EuKoPfVO Rn. 1; *Harbeck*, in: Kindl/Meller-Hannich, Zwangsvollstreckung, Art. 29 EuKoPfVO Rn. 1. Zu den durch Art. 48 EuKPfVO ausgelösten Detailfragen *Hilbig-Lugani*, in: MüKoZPO, Art. 48 EuKoPfVO Rn. 2 f.

47 *Hilbig-Lugani*, in: MüKoZPO, Art. 29 EuKoPfVO Rn. 1; *Harbeck*, in: Kindl/Meller-Hannich, Zwangsvollstreckung, Art. 29 EuKoPfVO Rn. 3. Etwas wolkig ErwGr 41 EuKPfVO.

48 KOM (2006) 618 endg., S. 10. Den Rechtsbehelfen widmen sich noch ErwGr 30-32 EuKPfVO eingehend.

49 KOM (2006) 618 endg., S. 10 a.E. Siehe auch ErwGr 19 EuKPfVO.

50 KOM (2011) 445 endg.

einem strukturierten Europäischen Vollstreckungsrecht deutlich differenzierter Rechnung trug[51] und markant detailliert systematischer gearbeitet war, als dies schließlich in der endgültig in Geltung gelangten Verordnung der Fall ist. Nachdem seither keine neue europäische Rechtsetzung zum Zivilverfahrensrecht von eigenständigem Gewicht erfolgt ist und lediglich Revisionsgesetzgebung an bestehenden Elementen des Europäischen Zivilverfahrensrechts stattfindet, bleibt diese inhaltlich-formale Reduktion durchaus zu bedauern.

III. Die Umsetzung des Konzepts in der EuKPfVO

Das eigenständige europäische Verfahren, das einen Europäischen Beschluss zur vorläufigen Kontenpfändung herbeiführt, entspricht, wie zuvor bereits kurz berührt, nach deutschem Zivilverfahrensrecht einem Arrestbeschluss nach §§ 916 ff. ZPO, der wegen § 928 ZPO als Pfändung nach § 829 ZPO vollzogen wird.[52] Die Betonung gerade des Arrests, durch den die folgende Pfändung ausgelöst wird,[53] ist insoweit wesentlich, als es sich bei der Europäischen Kontenpfändung ja gerade um ein vorläufig wirkendes Institut zur Vollstreckungssicherung handelt und eine Überweisung an den anstragstellenden Gläubiger wie beim Arrest ja gerade noch nicht erfolgt[54]. Angesichts dessen ist es auch völlig plausibel, dass der deutsche Durchführungsgesetzgeber die Arrestvorschriften an wichtigen Stellen als modellhaft für die nötige Anpassung und Ergänzung der ZPO angesehen hat.[55] Das Verfahren nach der EuKPfVO selbst ist an mehreren Stellen breiter dargestellt und erläutert worden,[56] weswegen hier ein akzentuierter Abriss der Verläufe hinreichend ist, in den wesentliche Problembezüge eingebunden werden sollen.

---

51 Erinnert sei nochmals an KOM (2006) 618 endg., S. 3.

52 *Riebold*, Die europäische Kontopfändung, S. 7 ff, rückt den reinen Pfändungsaspekt etwas wenig kontextualisiert in das Zentrum der Erwägungen.

53 Siehe für das deutsche Recht etwa *Drescher*, in: MüKoZPO, § 928 Rn. 1.

54 *Drescher*, in: MüKoZPO, § 930 Rn. 5.

55 Siehe die Betonung der Entsprechung im Regierungsentwurf in BR-Drs. 655/15, S. 42.

56 *Huber/Geier-Thieme*, in: Dierck/Morvilius/Vollkommer, Handbuch Zwangsvollstreckungsrecht, Kap. 11 Rn. 1 ff.; *Klöpfer*, in: Geimer/Schütze, Internationaler Rechtsverkehr, Art. 1 ff. EuKoPfVO; *Harbeck*, in: Kindl/Meller-Hannich, Zwangsvollstreckung, Art. 1 ff. EuKoPfVO; *Hess*, in: Schlosser/Hess, EuZPR, Art. 1 ff. EuKtPVO; *Hilbig-Lugani*, in: MüKoZPO, Art. 1 ff. EuKoPfVO; *Rauscher/Wiedemann*, in: Rauscher, EuZPR/EuIPR, Art. 1 ff. EU-KPfVO.

1. *Voraussetzungen für ein Verfahren nach der EuKPfVO*

Das Verfahren nach der EuKPfVO wird als Formularverfahren betrieben, für das in der DurchführungsVO EuKPfVO amtliche Standardformulare promulgiert sind. Namentlich diesen Umstand sah der europäische Normsetzer als Erleichterung der praktischen Anwendung der Verordnung[57] und schuf darüber hinaus in Art. 51 EuKPfVO eine Kompetenz zugunsten der Europäischen Kommission, die Anpassung dieser Formulare veranlassen zu dürfen[58]. In diesem Formblatt wird denn auch auf die wesentliche Grundvoraussetzung für den Erlass eines Beschlusses nach der EuKPfVO abgehoben: Es bedarf einer grenzüberschreitenden Streitigkeit nach Art. 3 Abs. 1 EuKPfVO. Eine solche kann nach dem Normtext in unterschiedlichen Konstellationen gegeben sein. Denkbar ist etwa, dass das vorläufig zu pfändende Konto in einem Mitgliedsstaat geführt und das zuständige Gericht, bei dem das Pfändungsgesuch eingereicht worden ist, seinen Sitz in einem anderen hat. Denkbar ist aber auch, dass der antragstellende Gläubiger seinen Wohnsitz in einem Mitgliedsstaat hat und das Konto, dessen Guthaben vorläufig durch Pfändung gesichert werden soll, in einem anderen geführt wird.[59] Insoweit bildet die EuKPfVO sachliche Anknüpfungspunkte für die Bestimmung der grenzüberschreitenden Rechtssache, in dessen Kontext der persönliche Ansatzpunkt des Schuldnerwohnsitzes sachgerechterweise keine Rolle mehr spielt, anders als es konzeptionell zunächst vorgesehen war.[60] Unabhängig vom Vorliegen der umrissenen Kriterien führen Sachverhalte, die das Königreich Dänemark betreffen, nicht in das Verfahren der EuKPfVO,[61] da dieses sich nicht an der Annahme der Verordnung beteiligt hat[62] (wie seinerzeit auch das Vereinigte Königreich[63]), die Republik Irland hingegen schon[64]; ebenfalls ausgeschlossen sind Gläubiger aus Drittstaaten[65].

Wie im nationalen Zivilverfahrensrecht auch, löst ein Pfändungsgesuch das Verfahren nach der EuKPfVO aus, für das Art. 8 EuKPfVO die nötigen

57 Ausdrücklich ErwGr 40 EuKPfVO.

58 Siehe auch ErwGr 41 EuKPfVO.

59 Fallgruppenbildung nach *Riebold*, Die europäische Kontopfändung, S. 122 ff.

60 Siehe noch Art. 3 Verordnungsentwurf, KOM (2011) 445 endg. Dazu *Hilbig-Lugani*, in: MüKoZPO, Art. 3 EuKoPfVO Rn. 1.

61 Weitere Hinweise bei *Huber/Geier-Thieme*, in: Dierck/Morvilius/Vollkommer, Handbuch Zwangsvollstreckungsrecht, Kap. 11 Rn. 19 ff.

62 ErwGr 51 EuKPfVO.

63 ErwGr 50 EuKPfVO.

64 ErwGr 49 EuKPfVO.

65 ErwGr 48 EuKPfVO.

Maßgaben enthält.[66] Von zentraler Bedeutung ist insoweit und der Natur der Sache entsprechend die Darlegung der Besorgnis einer Gefahr, durch die eine intendierte Vollstreckungsmaßnahme erschwert oder unmöglich gemacht wird,[67] wie sie Art. 7 Abs. 1 EuKPfVO als Pfändungsgrund fordert.[68]

Nachdem das Verfahren nach EuKPfVO losgelöst von und vorgreiflich zu einem Hauptsacheverfahren angestrengt werden kann, muss der Normtext zielführende Sicherungen gegen missbräuchlichen Einsatz enthalten,[69] was an verschiedenen Stellen der Verordnung geschieht. Im Rahmen der Verfahrenseinleitung wird Missbrauchsprävention insoweit betrieben, als der Gläubiger wegen Art. 8 Abs. 2 lit. j EuKPfVO die Darlegung der wesentlichen Umstände nach Art. 7 Abs. 1 EuKPfVO, die ihn zur vorläufigen Pfändung veranlassen, aufgegeben wird. Hinsichtlich dieser Bezüge hat der Gläubiger überdies Beweis anzubieten. Soweit gerade noch kein Titel erwirkt worden ist, enthält Art. 7 Abs. 2 EuKPfVO inhaltlich erweiterte Darlegungs- und Nachweisanforderungen dahingehend, dass in der Hauptsache wohl zugunsten des um vorläufige Pfändung ansuchenden Gläubigers entschieden werden wird.[70] Vor diesem Hintergrund sind die Beweisanforderungen der EuKPfVO differenzierter in den Blick zu nehmen:

2. *Im Fokus: Nachweisführung*

Art. 7 Abs. 1 und 2 EuKPfVO geben es dem Gläubiger auf, die wesentlichen Umstände, die seinen Antrag auf Erlass eines Europäischen Beschlusses zur vorläufigen Pfändung eines oder mehrerer Schuldnerkonten stützen, unter Nachweis zu stellen; wegen § 8 Abs. 2 lit. l EuKPfVO muss dem Antrag zudem eine Liste der vorgelegten Beweismittel beigefügt sein. Anders als im deutschen Zivilverfahrensrecht, in dem § 128 Abs. 4 ZPO auch für das Arrestverfahren nach den §§ 916 ff. ZPO die Anberaumung einer mündlichen Verhandlung ermöglicht, gilt unter der EuKPfVO der Grundsatz des rein schriftlichen Verfahrens.[71] Dem sind die Prinzipien zur Nach-

---

66 Details bei *Riebold*, Die europäische Kontopfändung, S. 202 ff.

67 Siehe dazu etwa *Hess/Raffelsieper*, IPRax 2015, 46 (48).

68 *Hess*, in: Schlosser/Hess, EuZPR, Art. 7 EuKtPVO Rn. 1.

69 ErwGr 14 Abs. 1 EuKPfVO.

70 *Hess*, in: Schlosser/Hess, EuZPR, Art. 7 EuKtPVO Rn. 3.

71 Weiteres bei *Hilbig-Lugani*, in: MüKoZPO, Art. 9 EuKoPfVO Rn. 1 f. Siehe auch *Harbeck*, in: Kindl/Meller-Hannich, Zwangsvollstreckung, Art. 9 EuKoPfVO

weisführung, die zentral in Art. 9 EuKPfVO niedergelegt sind, angepasst: Es sind wegen Art. 9 Abs. 1 S. 1 EuKPfVO zunächst lediglich perpetuierte Beweismittel,[72] in der Regel Urkunden,[73] möglich. Inwieweit schriftlich fixierte Sachverständigeneinschätzungen oder Zeugeneinlassungen vorgelegt werden können, ist auf der Grundlage des Verordnungstexts nicht endgültig zu entscheiden, aber im Kontext der Dokumente zur Entstehungsgeschichte[74] ist dies letztlich plausibel.[75] Andere als perpetuierte Beweismittel sind nach Art. 9 Abs. 2 EuKPfVO lediglich als begründete Ausnahme von dieser Grundregel zulässig.

Vereinzelt war vorgetragen worden, die EuKPfVO normiere einen autonomen Beweismittelbegriff, der dem zuständigen Gericht andere Möglichkeiten eröffne, als dies das nationale Beweisrecht tue[76]. Nachdem die betreffende Diskussion andernorts mit plausibler Argumentation geführt worden ist,[77] kann an dieser Stelle der Hinweis genügen, dass der Normtext der Verordnung diesen Ansatz letztlich nur bedingt zu stützen vermag. Für die Bundesrepublik Deutschland kann überdies festgehalten werden, dass diese Frage bei der entwurfsmäßigen Gestaltung der Durchführungsgesetzgebung keine Erörterung fand.[78] Der Regierungsentwurf geht von der grundsätzlichen Anwendbarkeit mindestens auch der nach ZPO im Arrestverfahren statthaften präsenten Beweismittel aus und stellt dies im sachlich einschlägigen Durchführungsrecht in § 947 Abs. 1 ZPO entsprechend klar,[79] der im Laufe des Gesetzgebungsverfahrens keine Verän-

---

Rn. 1; *Hess*, in: Schlosser/Hess, EuZPR, Art. 9 EuKtPVO Rn. 1; *Rauscher/Wiedemann*, in: Rauscher, EuZPR/EuIPR, Art. 9 EU-KPfVO Rn. 5. Kritisch zum kategorischen Ausschluss einer mündlichen Verhandlung *Lackmann*, in: Musielak/Voit, ZPO, vor §§ 946 ff. Rn. 12.

72 Weiteres bei *Huber/Geier-Thieme*, in: Dierck/Morvilius/Vollkommer, Handbuch Zwangsvollstreckungsrecht, Kap. 11 Rn. 68 ff.

73 Der Regierungsentwurf zum deutschen Durchführungsrecht zur EuKPfVO vermeinte sogar, bei der Interpretation von Art. 9 Abs. 1 S. 1 EuKPfVO allein von „schriftlichen Dokumenten“ ausgehen zu dürfen. So BR-Drs. 633/15, S. 43.

74 Art. 11 Nr. 1 Verordnungsentwurf, KOM (2011) 445 endg., formulierte diese Möglichkeit ausdrücklich, wie die Begründung zu diesem Entwurfsartikel in KOM (2011) 445 endg., S. 7 nochmals klarstellt. Die abstrakter gehaltene Formulierung in Art. 9 Abs. 1 S. 1 EuKPfVO steht dazu nicht in Widerspruch.

75 *Hilbig-Lugani*, in: MüKoZPO, Art. 9 EuKoPfVO Rn. 3. Siehe auch *Hess*, in: Schlosser/Hess, EuZPR, Art. 9 EuKtPVO Rn. 2.

76 So *Rauscher/Wiedemann*, in: Rauscher, EuZPR/EuIPR, Art. 9 EU-KPfVO Rn. 6.

77 Eingehend dazu *Hilbig-Lugani*, in: MüKoZPO, Art. 9 EuKoPfVO Rn. 4.

78 BR-Drs. 633/15, S. 43.

79 Weiteres etwa bei *Kreutz*, in: BeckOK ZPO, § 947 Rn. 4. Siehe auch *Hilbig-Lugani*, in: MüKoZPO, § 947 Rn. 3 f.; *Schmidt*, in: Baumbach u.a., ZPO, § 947 Rn. 1.

derungen gegenüber dem Regierungsentwurf erfahren hat. Daneben ist ein autonomes europäisches Beweiskonzept mangels niedergelegter substantieller Details kaum zielführend; es wurde in der Konzeptionsphase zur EuKPfVO auch nicht diskutiert.

Ein anderer Aspekt darf bei der EuKPfVO wohl als deutlich weniger diskursiv angesehen werden, und zwar derjenige des Beweismaßes. Art. 7 Abs. 1 EuKPfVO verlangt von dem antragstellenden Gläubiger, den Beweis nach Art. 9 EuKPfVO so zu führen, dass das Gericht zu der „berechtigten Annahme“ gelangt, dass die vorläufige Sicherung des Guthabens auf dem fraglichen Schuldnerkonto „dringend erforderlich“ sei; Art. 7 Abs. 2 EuKPfVO, der greift, wenn ein Titel noch nicht vorliegt, erfordert, dass der Beweis so geführt wird, dass diese „berechtigte Annahme“ auch umfasst, dass das Gericht der Hauptsache „voraussichtlich zugunsten des Gläubigers“ entscheiden wird. Schon diese Formulierung deutet darauf hin,[80] dass insoweit kein Vollbeweis nach deutschem zivilrechtlichen Verständnis notwendig ist, sondern dass Glaubhaftmachung i.S.d. § 294 ZPO ausreichend ist (wie ja auch beim Arrest, vgl. § 920 Abs. 2 ZPO) und damit eben jener zuvor bereits gestreifte *fumus boni iuris*, vom dem bereits das Grünbuch sprach[81]. Dieser Lesart pflichtet der deutsche Durchführungsgesetzgeber[82] direkt bei.[83]

3. *Europäischer Beschluss zur vorläufigen Pfändung*

Der Europäische Beschluss zur vorläufigen Pfändung des oder der Schuldnerkonten ergeht durch das zuständige Gericht (§ 946 ZPO: Gericht der Hauptsache[84]), sofern die Maßgaben, die in Art. 17 EuKPfVO normiert sind, erfüllt sind.[85] Dazu gehören neben den sachlichen Voraussetzungen des Beschlusses selbst namentlich auch die Zeitvorgaben aus Art. 17 Abs. 2 und 18 EuKPfVO. Hinzutreten wegen Art. 46 Abs. 1 EuKPfVO die her-

---

80 Was in ErwGr 14 EuKPfVO durchaus Stütze findet.

81 KOM (2006) 618 endg., S. 5. Siehe dazu auch *Hess*, in: Schlosser/Hess, EuZPR, Art. 7 EuKtPVO Rn. 3, wo dieses Beweismaß allerdings nur auf Art. 7 Abs. 2 EuKPfVO bezogen wird.

82 BR-Drs. 633/15, S. 43.

83 So auch *Hilbig-Lugani*, in: MüKoZPO, § 947 Rn. 4.

84 Weiteres in *Kreutz*, in: BeckOK ZPO, § 946 Rn. 2 f.; *Schmidt*, in: Baumbach u.a., ZPO, § 946 Rn. 1.

85 Details bei *Riebold*, Die europäische Kontopfändung, S. 205 ff.

kömmlichen Sachentscheidungsvoraussetzungen nach nationalem Zivilprozessrecht.[86]

Hinsichtlich des Pfändungsbetrags, über den der Beschluss ergeht, besteht wegen Art. 17 Abs. 4 EuKPfVO Antragsbindung; neben der Hauptforderung ermöglicht Art. 15 EuKPfVO auf Antrag die Einbeziehung von Zinsen und Kosten.[87]

Wegen Art. 19 Abs. 1 S. 1 EuKPfVO ist der Europäische Beschluss zur vorläufigen Kontenpfändung durch das Gericht vermittels eines Formblatts zu erlassen,[88] das in der DurchführungsVO EuKPfVO wiederum amtlich promulgiert ist. Dieses Formblatt trägt der Anordnung aus Art. 19 Abs. 1 Satz 2 EuKPfVO Rechnung, wonach der Beschluss in zwei Teile gegliedert ist. Für den amtlich so bezeichneten „Teil A“ legt Art. 19 Abs. 2 EuKPfVO die gebotenen Inhalte fest. Er ist für Gläubiger und Schuldner sowie gerade für die kontoführende Bank vorgesehen, während „Teil B“ nach Art. 19 Abs. 3 EuKPfVO allein an Gläubiger und Schuldner zu übermitteln ist (vgl. Art. 19 Abs. 1 S. 2 lit. b EuKPfVO). Während Teil A lediglich die für den vorläufigen Pfändungsakt unmittelbar und sachlich unabdingbaren Informationen strukturiert zusammenstellt, enthält Teil B weitere Darlegungen, die insbesondere zur Prüfung des Beschlusses und Vorbereitung der Rechtsmittel dienlich sein sollen.[89]

In fortgesetzter Verfolgung des Ziels eines hinreichenden Schuldnerschutzes[90] im *ex parte*-Verfahren[91] ermöglicht es Art. 12 EuKPfVO dem Gericht, dem Gläubiger eine Sicherheitsleistung aufzuerlegen. Hat der Gläubiger bislang keinen Titel in der Hauptsache erlangt, macht Art. 12 Abs. 1 UAbs. 1 EuKPfVO die Sicherheitsleistung zur Regel,[92] von der lediglich über Art. 12 Abs. 1 UAbs. 2 EuKPfVO abgewichen werden kann. Liegt be-

---

86 Dazu *Rauscher/Wiedemann*, in: Rauscher, EuZPR/EuIPR, Art. 17 EU-KPfVO Rn. 2.

87 *Hilbig-Lugani*, in: MüKoZPO, Art. 17 EuKoPfVO Rn. 4.

88 Erinnert sei auch hier an ErwGr 40 EuKPfVO, der in der Verwendung von Standardformularen einen Weg sieht, die praktische Anwendung der EuKPfVO zu befördern.

89 Weiteres bei *Hilbig-Lugani*, in: MüKoZPO, Art. 19 EuKoPfVO Rn. 4 f.; *Harbeck*, in: Kindl/Meller-Hannich, Zwangsvollstreckung, Art. 19 EuKoPfVO Rn. 5 ff.; *Hess*, in: Schlosser/Hess, EuZPR, Art. 19 EuKtPVO Rn. 3.

90 Differenziert zu denkbaren Risiken etwa *Rauscher/Wiedemann*, in: Rauscher, EuZPR/EuIPR, Art. 12 EU-KPfVO Rn. 1.

91 ErwGr 17 f. EuKPfVO.

92 *Hilbig-Lugani*, in: MüKoZPO, Art. 12 EuKoPfVO Rn. 3; *Harbeck*, in: Kindl/Meller-Hannich, Zwangsvollstreckung, Art. 12 EuKoPfVO Rn. 2 ff.; *Hess*, in: Schlosser/Hess, EuZPR, Art. 12 EuKtPVO Rn. 1.

reits ein Titel vor, wird das Regel-Ausnahme-Verhältnis über Art. 12 Abs. 2 EuKPfVO umgekehrt.

Nachdem Art. 11 EuKPfVO ausdrücklich keine Schuldnerbeteiligung vor Erlass des Beschlusses vorsieht, was das Verfahren zu einem reinen und tatsächlichen *ex parte*-Verfahren macht, wird der Überraschungseffekt für den Schuldner[93] in etwas grob-holzschnittartiger Weise sichergestellt. Dieser erfährt damit erst mit Zustellung des Beschlusses nach Art. 28 EuKPfVO von dem Verfahren. Auf Gläubigerantrag davon abweichend öffnende Konzeptionen, die in der Entwurfsphase der Verordnung noch erwogen worden sind,[94] wurden für die endgültige Normierung fallengelassen,[95] obschon dies dem Gläubiger eine verhältnismäßigere Gestaltung seines Antrags durchaus ermöglicht hätte.

4. *Rechtsbehelfe*

Sollte das Gericht den Antrag des Gläubigers auf Erlass eines Europäischen Beschlusses zur vorläufigen Kontenpfändung ablehnen, schafft Art. 21 EuKPfVO einen eigenen Rechtsbehelf nach Europarecht. Auch wenn es sich insoweit um ein eigenständiges europäisches Rechtsinstitut handelt, erlangt es seine tragenden Konturen tatsächlich erst durch das nationale Durchführungsrecht,[96] was im deutschen Zivilverfahrensrecht im Kern durch § 953 ZPO geschehen ist, der den unionsrechtlichen Rechtsbehelf des Gläubigers insoweit sachgerecht und plausibel zur sofortigen Beschwerde nach §§ 567 ff. ZPO konkretisiert,[97] sodass dieser einen faktisch hybriden Charakter aus unionsrechtlichen Elementen und solchen mitgliedsstaatlichen Rechts aufweist.

Dieses für das Europäische Zivilverfahrensrecht durchaus typischen Konstruktionsmechanismus[98] bedient sich die EuKPfVO auch bei den Rechtsbehelfen des Schuldners, die recht sachgerecht strukturiert in Kapitel 4 der Verordnung niedergelegt sind. So kann sich der Schuldner, der durch den im *ex parte*-Verfahren erwirkten Beschluss erstmalig mit dessen Zustellung von den Vorgängen erfährt, mit dem Behelf aus Art. 33

---

93 ErwGr 14 EuKPfVO.
94 Art. 10 Verordnungsentwurf, KOM (2011) 445 endg.
95 *Hilbig-Lugani*, in: MüKoZPO, Art. 11 EuKoPfVO Rn. 1.
96 Weiteres bei *Hilbig-Lugani*, in: MüKoZPO, Art. 21 EuKoPfVO Rn. 1.
97 BR-Drs. 633/15, S. 46 f. Dazu *Hilbig-Lugani*, in: MüKoZPO, § 953 Rn. 1; *Kreutz*, in: BeckOK ZPO, § 953 Rn. 1.
98 *Hilbig-Lugani*, in: MüKoZPO, Art. 33 EuKoPfVO Rn. 1.

EuKPfVO gegen diesen Beschluss zur Wehr setzen. Dieser Rechtsbehelf stellt in der Sache[99] im Kern (in seiner sachlichen Ausführlichkeit aber nicht nur) die strukturelle unionsrechtliche Parallele zur deutschen Vollstreckungsabwehrklage aus § 767 ZPO dar, die insoweit folgerichtig mit Verweis auf Art. 33 Abs. 1 lit. e EuKPfVO als gesperrt angesehen wird.[100]

Als weiterer Rechtsbehelf steht dem Schuldner Art. 34 EuKPfVO zu Gebote, der sich nicht gegen die Grundlagen für den Beschluss zur vorläufigen Pfändung als solche richtet, sondern auf die Beschränkung oder Beendigung der Vollstreckung abzielt[101] und dafür eine Enumeration von Gründen liefert. Ein markant auffälliger Beendigungsgrund für die Vollstreckung findet sich in Art. 34 Abs. 2 EuKPfVO: Widerspricht die Vollstreckung des Europäischen Beschlusses zur vorläufigen Kontenpfändung dem *ordre public* des Vollstreckungsmitgliedsstaates, muss sie beendet werden.[102] Landläufig gilt diese Regelung als „Relikt nationaler Souveränität" im ersten Ansatz eines europäischen Vollstreckungsrechts,[103] das einer spezifischen Entscheidung des europäischen Normsetzers folgt und in der Sache wohl spezifischen Interessen innerhalb der Mitgliedsstaaten geschuldet ist, die dynamische Entwicklung des Europäischen Zivilverfahrensrechts einzuhegen.[104]

5. Deutsches Durchführungsrecht

Seit dem 18. Januar 2017 enthält die ZPO die nötigen Durchführungsvorschriften, um vorläufige Kontenpfändungen nach der EuKPfVO zu ermöglichen.[105] Auch wenn womöglich ein Regelungsort in 11. Buch der ZPO ansprechender gewesen wäre, so sind die §§ 946 ff. ZPO als systematischer

---

99 Zu den Konturen der Vorschrift breiter *Hilbig-Lugani*, in: MüKoZPO, Art. 33 EuKoPfVO Rn. 2 ff.

100 *Rauscher/Wiedemann*, in: Rauscher, EuZPR/EuIPR, Art. 33 EU-KPfVO Rn. 11.

101 So *Hilbig-Lugani*, in: MüKoZPO, Art. 34 EuKoPfVO Rn. 2.

102 *Hess*, in: Schlosser/Hess, EuZPR, Art. 34 EuKtPVO Rn. 4.

103 So wörtlich *Rauscher/Wiedemann*, in: Rauscher, EuZPR/EuIPR, Art. 34 EU-KPfVO Rn. 8.

104 Kapitel 4 Verordnungsentwurf, KOM (2011) 445 endg., sah eine Vollstreckungsbeendigung wegen eines *ordre public*-Verstoßes nicht vor.

105 Gesetz zur Durchführung der Verordnung (EU) Nr. 655/2014 sowie zur Änderung sonstiger zivilprozessualer, grundbuchrechtlicher und vermögensrechtlicher Vorschriften und zur Änderung der Justizbeitreibungsordnung (EuKPfVODG) vom 21. November 2016, BGBl. I, S. 2591; Gesetzentwürfe in BR-Drs. 633/15 sowie BT-Drs. 18/7560.

Standort dieser Vorschriften wegen der sachlichen Nähe zum Arrest nicht ohne Plausibilität. Eine wirkliche Diskussion des Regelungsorts hat sich während des Gesetzgebungsprozesses jedenfalls nicht ereignet, da Bundesrat und Bundestag im Wesentlichen den Regierungsentwurf übernommen haben, ohne dass sachliche Veränderungen am Gesetzestext breiter eingefordert worden wären.[106]

Inhaltlich normiert das deutsche Durchführungsrecht die markant notwendigen technischen Festlegungen, soweit sich diese nicht unmittelbar aus der EuKPfVO selbst entnehmen lassen[107] und unterscheidet sich insoweit nicht maßgeblich von Durchführungsvorschriften zu anderen Unionsrechtsakten. Es regelt die gerichtliche Zuständigkeit (§ 946 ZPO) ebenso wie die administrative (§ 948 ZPO), trifft die nötigen Maßgaben für die Vollziehung ergangener Pfändungsbeschlüsse (§§ 950 i.V.m. 952 ZPO) und konkretisiert – wie zuvor bereits berührt – das Recht der Rechtsbehelfe nach der EuKPfVO.

Ein Aspekt des deutschen Durchführungsrechts verdient es freilich, deutlicher akzentuiert zu werden, und zwar die Haftung des Gläubigers, denn § 958 ZPO enthält einen eigenständigen Schadensersatzanspruch, der neben das Haftungsregime tritt, das Art. 13 EuKPfVO selbst fixiert und das insoweit den Mindesthaftungsstandard bildet.[108] Demgegenüber weiterreichende Haftungsfestlegungen lässt Art 13 Abs. 3 S. 1 EuKPfVO ausdrücklich zu.[109] In der Sache entspricht der Anspruch aus § 958 S. 1 ZPO demjenigen aus § 945 ZPO, der insoweit vorbildgebend war,[110] und normiert eine verschuldensunabhängige Haftung des Gläubigers,[111] sollte sich ein in Deutschland vollzogener Pfändungsbeschluss nach der EuKPfVO als von Anfang an ungerechtfertigt erweisen.[112] Ein Schaden des Schuldners[113] kann unmittelbar durch die Vollziehung des Pfändungsbeschlusses verursacht oder aber dadurch veranlasst werden, dass der Schuldner durch Hinterlegung einer Sicherheit nach Art. 38 EuKPfVO die Freigabe gepfändeter

106 Überblick zum Gang der deutschen Durchführungsgesetzgebung bei *Hilbig-Lugani*, in: MüKoZPO, § 946 Rn. 1.

107 *Hilbig-Lugani*, in: MüKoZPO, § 946 Rn. 4 ff, bietet eine Zusammenstellung nicht ausdrücklich normierter Durchführungsfragen.

108 *Huber/Geier-Thieme*, in: Dierck/Morvilius/Vollkommer, Handbuch Zwangsvollstreckungsrecht, Kap. 11 Rn. 138.

109 Siehe überdies ErwGr 19 Abs. 2 EuKPfVO.

110 Weswegen wesentliche Aspekte der Konkretisierung von § 945 ZPO hierher übertragen werden können. Siehe dazu *Kreutz*, in: BeckOK ZPO, § 947 Rn. 2 ff.

111 Weiteres bei *Kreutz*, in: BeckOK ZPO, § 958 Rn. IV.

112 *Hilbig-Lugani*, in: MüKoZPO, § 958 Rn. 2.

113 *Kreutz*, in: BeckOK ZPO, § 958 Rn. 4 f.

Gelder erreichen muss oder die Beendigung der Vollstreckung als solche. Im Bereich der Haftung des Gläubigers erreicht die deutsche Durchführungsgesetzgebung damit nicht nur einen spezifischen Charakter, sondern auch ein sachgerechtes, engmaschiges Haftungssystem, das in einem *ex parte*-Verfahren aus Gesichtspunkten des Schuldnerschutzes und aus denen der Prävention unzureichend vorbereiteter Gläubigeraktion schlüssig und zielführend gestaltet ist.

IV. Zur Bewährung des Instituts einer europäischen vorläufigen Kontenpfändung

Um die Bewährung des Instituts der europäischen vorläufigen Kontenpfändung wirklich valide beurteilen zu können, bedürfte es eines hinreichenden Betrachtungszeitraums. Nun steht der Weg über die EuKPfVO in Deutschland seit dem Jahr 2017 zur Verfügung. Ein Gutteil dieser vier Jahre war freilich auch in der Rechtspflege von den Irregularitäten der Pandemie geprägt, sodass verlässliche Erfahrungen bislang nur sehr wenige artikuliert worden sind. Hinzu tritt sicher der Umstand, dass es sich bei der EuKPfVO um ein schon strukturell sehr innovatives Rechtsinstitut handelt, bildet es doch den ersten Baustein eines Europäischen Vollstreckungsrechts, das – entgegen ursprünglicher Konzeptionen – nicht weiter ergänzt worden ist, da die Europäischen Kommissionen, die 2014 und 2019 jeweils in ihr Amt gelangten, andere Schwerpunkte in ihrer Arbeit setzten.

1. Prüfaufträge in der EuKPfVO

Der europäische Normsetzer war sich, als er die EuKPfVO schuf und in Geltung setzte, ganz offenbar bewusst, dass er sich damit – aus unionsrechtlicher Sicht – auf neues Terrain begab, dessen Topographie (um im Bild zu bleiben) zunächst weiterer Vermessung bedurfte. Diesem Gedanken Rechnung tragend formuliert Art. 53 Abs. 1 EuKPfVO zwei Prüfaufträge,[114] für deren Bewertung nach Art. 53 Abs. 2 EuKPfVO Datenmaterial

114 Weiteres etwa bei *Hilbig-Lugani*, in: MüKoZPO, Art. 53 EuKoPfVO Rn. 1.

in den Mitgliedsstaaten erhoben wird.[115] Zum 18. Januar 2022 soll ein erster Bericht hinsichtlich der beiden Prüffragen vorgelegt werden.

Der erste der genannten Prüfaufträge betrifft die Frage, ob der Anwendungsbereich der Verordnung auf Finanzinstrumente ausgedehnt werden soll. Bislang sind vorläufige Pfändungen wegen Art. 1 Abs. 1 EuKPfVO a.E. nämlich nur hinsichtlich „Geldern" möglich, die auf „Bankkonten" ruhen. Ein „Bankkonto" liegt wegen Art. 4 Nr. 1 EuKPfVO freilich nur dann vor, wenn darauf – so die Definitionsnorm wörtlich – „Gelder gutgeschrieben sind".[116] Sucht man die Formulierungen in Art. 1 Abs. 1 und 4 Nr. 1 EuKPfVO und Art. 53 Abs. 1 lit. a EuKPfVO im systematischen Verhältnis zu analysieren, wird man den Begriff des „Bankkontos" von dem des „Finanzinstruments" abzugrenzen haben; für Letzteres gilt die EuKPfVO bislang nicht, dort gebundene Gelder unterliegen nicht der europäischen vorläufigen Pfändung. Die Entwurfsfassung zur EuKPfVO war hier merklich konsequenter und bezog Finanzinstrumente ausdrücklich mit ein („Guthaben aus Barsicherheiten oder Finanzinstrumenten"). [117] Der Begriff des „Finanzinstruments" wurde dort durch Rekurs auf das sachlich einschlägige Richtlinienrecht[118] konkretisiert,[119] danach waren Wertpapiere, Anteile, Optionen, Derivate oder Geldmarktinstrumente „Finanzinstrumente", die damit nach der geltenden Fassung der EuKPfVO nicht der Pfändung unterliegen. Insoweit ließe sich etwa bei Tagesgeldkonten („Geldmarktkonten") die Frage aufwerfen, ob es sich dabei nicht eher um wirkliche Geldmarktinstrumente handelt und keine Konten i.S.d. Art. 4 Nr. 1 EuKPfVO, womit dort lagernde Gelder nicht europäisch vorläufig pfändbar wären.[120] Zieht man das deutsche Zwangsvollstreckungsrecht vergleichend heran, das ja auch die Arrestvollziehung prägt, so unterfällt § 829 ZPO ein we-

115 Siehe dazu für Deutschland auch § 42 EGZPO, der die Datenerhebungspflicht an die Bundesländer weiterleitet.

116 Nach *Harbeck*, in: Kindl/Meller-Hannich, Zwangsvollstreckung, Art. 4 EuKoPfVO Rn. 2, ist dies das wesentliche Merkmal des Wortlautmerkmals „Konto".

117 Siehe Art. 4 Nr. 1 Verordnungsentwurf, KOM (2011) 445 endg.

118 Art. 4 Abs. 1 Nr. 17 i.V.m. Anhang I Abschnitt C. Richtlinie 2004/39/EG des Europäischen Parlaments und des Rates vom 21. April 2004 über Märkte für Finanzinstrumente, zur Änderung der Richtlinien 85/611/EWG und 93/6/EWG des Rates und der Richtlinie 2000/12/EG des Europäischen Parlaments und des Rates und zur Aufhebung der Richtlinie 93/22/EWG des Rates, ABl. EU L 145 v. 30.04.2004, S. 1 (in dieser Form seit 2. Januar 2018 außer Kraft).

119 Art. 4 Nr. 3 Verordnungsentwurf, KOM (2011) 445 endg.

120 So *Sudergat*, ForderungsPraktiker 2017, 202 (204).

sentlich breiteres Spektrum an Pfändbarem,[121] da dessen Wortlautfassung durch das Abstellen auf „Geldforderung“ insoweit abstrakter und damit flexibler adaptierbar ist und von daher der herrschenden, sehr differenzierten Geldanlagerealität deutlich besser genügt, als der sehr konkrete Begriff des „Bankkontos“ in Art. 4 Nr. 1 EuKPfVO. Aus deutscher Sicht erscheint die abstraktere und damit inhaltlich erweiterte Fassung angesichts der Erfahrungen mit dem Pfändungsrecht der ZPO grundsätzlich zielführender.

Durchaus vergleichbar liegt – wiederum aus deutscher Sicht – der Kontext des zweiten Prüfauftrages aus Art. 53 Abs. 1 lit. b EuKPfVO und die Frage, inwieweit Gelder, die dem „Bankkonto“ nach Ausführung des Europäischen Beschlusses zur vorläufigen Pfändung gutgeschrieben werden, in die Pfändung mit einbezogen werden sollen. Wegen Art. 24 Abs. 6 EuKPfVO kann mit der EuKPfVO nur auf die Gelder zugegriffen werden, die im Ausführungsmoment des Beschlusses auf dem Konto i.S.d. Art. 4 Nr. 1 und 3 EuKPfVO liegen.[122] Im deutschen Zwangsvollstreckungsrecht ist der Pfändungsumfang wegen § 833a ZPO weiter: Hier werden schon von Gesetzes wegen auch künftige, nach dem Pfändungszeitpunkt gutgeschriebene Salden von der Pfändung mit umfasst;[123] eine Regelung, die der Alltagspraktikabilität der deutschen Kontenpfändung deutlich Rechnung trägt[124] und durchaus auch modellbildend für das entsprechende europäische Recht wirken könnte.

2. *Verändertes politisches Umfeld*

Nach dem Jahreswechsel 2021/2022 wird man sich auf europäischer Ebene auf der Grundlage der gemäß Art. 53 EuKPfVO erhobenen Informationen mit dem Verordnungstext zu beschäftigen haben. Einigermaßen wahrscheinlich ist wohl, dass sich mögliche Revisionen der EuKPfVO sachlich recht ausschließlich im Bereich der beiden Prüffragen bewegen und letztlich organische Fortentwicklungen des gegenwärtig normativ fixierten Bestands bringen werden. Nach den Erfahrungen der jüngsten Vergangen-

---

121 Übersicht etwa bei *Flockenhaus*, in: Musielak/Voit, ZPO, § 829 Rn. 37; *Bendtsen*, in: Kindl/Meller-Hannich, Zwangsvollstreckung, § 829 ZPO Rn. 131 ff.

122 Etwas zurückhaltend insoweit *Hilbig-Lugani*, in: MüKoZPO, Art. 24 EuKoPfVO Rn. 5; *Harbeck*, in: Kindl/Meller-Hannich, Zwangsvollstreckung, Art. 4 EuKoPfVO Rn. 7. Siehe aber *Sudergat*, ForderungsPraktiker 2017, S. 202 (204 f.).

123 *Bendtsen*, in: Kindl/Meller-Hannich, Zwangsvollstreckung, § 833a ZPO Rn. 2 f.

124 Siehe etwa die Begründung im seinerzeitigen Gesetzgebungsverfahren in BT-Drs. 16/7615, S. 25.

heit dürften graduelle Fortentwicklungen des Europäischen Zivilverfahrensrechts, insbesondere im Bereich des Vollstreckungsrechts und des Präventivrechtsschutzes eher nicht zu gewärtigen sein. Die Entwicklung etwa hinsichtlich des Gemeinsamen Europäischen Kaufrechts[125], auch wenn es dem materiellen Zivilrecht zuzuschlagen ist, kann insoweit als Signal dienen, haben sich dort doch schon in besonders greifbarer Weise diejenigen Umstände ausgewirkt, die auch der signifikanten Fortentwicklung des Europäischen Zivilverfahrensrechts hindernd entgegenwirken dürften.

Zu bedenken gilt es zunächst, dass unter dem Vertrag von Lissabon[126] ein überformtes und insoweit erneuertes Kompetenzsystem und Kompetenzverständnis gilt, dessen signifikante Akzentsetzungen zu beachten stehen. Man wird schon das Kommissionskonzept eines Gemeinsamen Europäischen Kaufrechts nicht zuletzt und durchaus wesentlich als Versuch interpretieren dürfen, den politischen Handlungsspielraum der europäischen Ebene im Feld der Privatrechtsharmonisierung unter dem merklich veränderten Kompetenzverständnis von Lissabon in seiner Reichweite zu testen, um dabei die Grenzen, was seitens der Mitgliedsstaaten mitgetragen wird, auszuloten. Denn eines sollte man sich stets ins Gedächtnis rufen: Europäische Rechtssetzungsakte sind letztlich stets auch politische Normen, dies wurde gerade zu Anbeginn der engeren europäischen Integration merklich herausgestellt,[127] es gilt heute kaum weniger als damals. Anders als die seinerzeit nach Konzept wie Ausgestaltung innovative Verbrauchsgüterkaufrichtlinie[128] war das Konzept eines optionalen Gemeinsamen Europäischen Kaufrechts politisch nicht durchzusetzen, insbesondere deshalb, weil es das geltende europäische Primärrecht merklich erschwert, Normsetzungskompetenzen zugunsten der EU derart intensiv zu nutzen, wie dies vor Lissabon noch denkbar und tunlich war. Insoweit war das Gemeinsame Europäische Kaufrecht ein konzeptioneller Nachzügler der gemeineuropäischen Rechtsetzungskonzeption der späten 1990er Jahre, der unter dem Gefüge des Vertrags von Lissabon schwerlich

125 Vorschlag für eine Verordnung des Europäischen Parlaments und des Rates über ein Gemeinsames Europäisches Kaufrecht, KOM (2011) 635 endg.

126 Vertrag von Lissabon zur Änderung des Vertrags über die Europäische Union und des Vertrags zur Gründung der Europäischen Gemeinschaft, unterzeichnet in Lissabon am 13. Dezember 2007, ABl. EU C 306 v. 17.12.2007, S. 1.

127 Siehe dazu *André*, EuR 1969, 191.

128 Richtlinie 1999/44/EG des Europäischen Parlaments und des Rates vom 25. Mai 1999 zu bestimmten Aspekten des Verbrauchsgüterkaufs und der Garantien für Verbrauchsgüter, ABl. EG L 171 v. 07.07.1999, S. 12.

erfolgreich umgesetzt werden konnte.[129] Durchaus entsprechendes gilt für die EuKPfVO, die – wie mehrfach in diesem Beitrag betont – einen relativen Schlusspunkt unter eine längere Rechtssetzungsentwicklung gesetzt hat, obschon Überlegungen zur Fortentwicklung durchaus vorhanden waren.[130]

Anders als die Vorgängerkommission unter *José Manuel Barroso* erkannte dies die 2019 aus dem Amt geschiedene Europäische Kommission unter der Präsidentschaft von *Jean-Claude Juncker* durchaus an, sprach bei Amtsantritt ausdrücklich von einem „neuen Start“[131] und schlug Unionsrechtsakte mit einem verändert akzentuierten Zielkorridor vor;[132] sie überformte und modernisierte bestehende Strukturen europäischen Privatrechts, sie gab aber bis auf weiteres den Versuch auf, das Europäische Privatrecht und Zivilverfahrensrecht inhaltlich entscheidend zu verbreitern, zumal zunächst die internationale Finanzkrise und dann vor allem der Austrittsprozess des Vereinigten Königsreichs aus der EU[133] wesentliche Kräfte band. Sie verfolgt damit eine veränderte Ziel- und Akzentsetzung, die transparent formuliert worden ist:

> „Auf der Grundlage der bisherigen Programme besteht nun die allgemeine Priorität darin, die vorhandenen Rechtsinstrumente und politischen Maßnahmen einheitlich umzusetzen, wirksam anzuwenden und zu konsolidieren.“[134]

Auch wenn zwischenzeitlich eine neue Europäische Kommission längst ihr Amt angetreten hat, wird man von der Fortgeltung dieser durchaus

---

129 Im Ergebnis auch *Schulze*, ZEuP 2019, 695 (697).

130 Etwa im Grünbuch, KOM (2006) 618 endg., S. 3.

131 So der ausdrückliche Titel des Arbeitsprogramms der Kommission 2015 in Form einer Mitteilung der Kommission an das Europäische Parlament, den Rat, den europäischen Wirtschafts- und Sozialausschuss und den Ausschuss der Regionen, KOM (2014) 910 endg. Vorausgegangen war dem die Formulierung von Politischen Leitlinien für die nächste Europäische Kommission durch den seinerzeitigen Kandidaten für das Amt des Kommissionspräsidenten *Jean-Claude Juncker* unter dem Titel „Ein neuer Start für Europa: Meine Agenda für Jobs, Wachstum, Fairness und demokratischen Wandel“, https://ec.europa.eu/commission/sites/beta-political/files/juncker-political-guidelines-speech_de_1.pdf (abgerufen am 03.11.2021).

132 Im Überblick dazu auch *Schulze*, ZEuP 2019, 695 (697 ff.).

133 Zu diesem auch *Kreutz*, JA 2019, 641.

134 Auszug aus den Schlussfolgerungen des Europäischen Rates (Tagung vom 26.-27. Juni 2014) betreffend den Raum der Freiheit, der Sicherheit und des Rechts und einige damit zusammenhängende Querschnittsthemen, ABl. EU C 240 v. 24.07.2014, S. 13.

selbstbeschränkenden Grundsätze ausgehen dürfen. Das muss kein Nachteil für solide Entwicklung im Bereich des Europäischen Zivilverfahrensrechts und besonders des Vollstreckungsrechts sein. Auch Troja wurde erst nach 10 Jahren des Kampfes und Ringens erobert, daran vermochte auch *Achilles* mit all seiner heroischen Kampfeskunst nichts zu ändern, Fortschritt brachte letztlich erst die unkonventionelle Strategie des listenreichen *Odysseus*.[135]

Literaturverzeichnis

André, Achim, Art. 189 Abs. 3 EWG-Vertrag als politische Norm, EuR 1969, 191-201.

Baumbach, u.a., hrsg. v. *Anders, Monika/Gehle, Burkhard*, Zivilprozessordnung, 79. Aufl., München 2021.

BeckOK ZPO, hrsg. v. *Vorwerk, Volkert/Wolf, Christian*, 42. Edition, München.

Bruns, Alexander, Das Grünbuch Effiziente Vollstreckung gerichtlicher Entscheidungen in der Europäischen Union – empfehlenswerte Erleichterungen des Zwangsvollstreckungsrechts durch Transparenz des Schuldnervermögens?, ZEuP 2010, 809-829.

Burgess, Jonathan, Achilles' Heel: The Death of Achilles in Ancient Myth, in: Classical Antiquity 14/2 (1995), 217-244.

v. Campenhausen, Axel, Zur Kruzifixentscheidung des Bundesverfassungsgerichts, AöR 121 (1996), 448-464.

Cranshaw, Friedrich L., Der europäische Beschluss zur vorläufigen Kontenpfändung, DZWIR 2012, 399-410.

Geimer, Reinhold/Schütze, Rolf A., Internationaler Rechtsverkehr, 6. Aufl., München 2021.

Dierck, Ralf/Morvilius, Theodor/Vollkommer, Gregor, Handbuch des Zwangsvollstreckungsrechts, 2. Aufl., München 2016.

Domej, Tanja, Ein wackliger Balanceakt – Die geplante Verordnung über die Europäische vorläufige Kontenpfändung, ZEuP 2013, 496-527.

Dies., Die Neufassung der EuGVVO – Quantensprünge im europäischen Zivilprozessrecht, RabelsZ 78 (2014), 508-550.

Fawzy, Oliver, Der Europäische Beschluss zur vorläufigen Kontenpfändung – Eine zögerliche Pionierleistung, DGVZ 2015, 141-146.

Fitton, J. Lesley/Villing, Alexandra, Homer & Co, in: *Villing, Alexandra u.a.* (Hrsg.), Troia – Mythos und Wirklichkeit, Darmstadt 2020, S. 16-51.

135 Weiteres in *Homer*, Odyssee.

Häcker, Birke, Die geplante EU-Verordnung zur grenzüberschreitenden vorläufigen Kontopfändung – eine kritische Analyse, WM 2012, 2180-2186.

Harbeck, Nils H., Zum Vorschlag einer Europäischen Verordnung zur vorläufigen Kontenpfändung in grenzüberschreitenden Verfahren, ZInsO 2012, 805-811.

Hess, Burkhard, Die Konstitutionalisierung des Europäischen Privat- und Verfahrensrechts, JZ 2005, 540-552.

Ders., Der Vorschlag der EU-Kommission zur vorläufigen Kontenpfändung – ein wichtiger Integrationsschritt im Europäischen Zivilverfahrensrecht, DGVZ 2012, 69-75.

Ders./Raffelsieper, Katharina, Die Europäische Kontenpfändungsverordnung: Eine überfällige Reform zur Effektuierung grenzüberschreitender Vollstreckung im Europäischen Justizraum, IPRax 2015, 46-52.

Kindl, Johann/Meller-Hannich, Caroline, Gesamtes Recht der Zwangsvollstreckung – ZPO, ZVG, Nebengesetze, Europäische Regelungen, Kosten, 4. Aufl., Baden-Baden 2021.

Kreutz, Peter, Vorläufige europäische Kontenpfändung und Präventivrechtsschutz – Fragen zu Struktur und Umsetzung des Instituts aus VO Nr. 655/2014, GPR 2017, 307-311.

Ders., Entwicklung, Struktur und System des Europäischen Zivilverfahrensrechts – eine zeitrechtsgeschichtliche Bestandsaufnahme, JA 2019, 641-647.

Müller, Michael, Der Kommissionsvorschlag für einen Europäischen Beschluss zur vorläufigen Kontenpfändung, RIW 2012, 151-158.

Münchener Kommentar zur Zivilprozessordnung, hrsg. v. *Rauscher, Thomas/Krüger, Wolfgang*, Band 2: §§ 355-945b, 6. Aufl., München 2020; Band 3: §§ 946-1117, 5. Aufl., München 2017.

Musielak, Hans-Joachim/Voit, Wolfang (Hrsg.), Zivilprozessordnung mit Gerichtsverfassungsgesetz: Kommentar, 18. Aufl., München 2021.

Rauscher, Thomas (Hrsg.), Europäisches Zivilprozess- und Kollisionsrecht, Bd. II: EG-VollstrTitelVO, EG-MahnVO, EG-BagatellVO, EU-KPfVO, HProrogÜbk 2005, EG-ZustVO, EG-BewVO, EG-InsVO, 4. Aufl., Köln 2015.

Riebold, Julia, Die Europäische Kontopfändung, Tübingen 2014.

Schlosser, Peter/Hess, Burkhard, EU-Zivilprozessrecht: Kommentar, 5. Aufl., München 2021.

Schulze, Reiner, Die Digitale-Inhalte-Richtlinie – Innovation und Kontinuität im europäischen Vertragsrecht, ZEuP 2019, 695-721.

Sigel, Dorothea, Achilleus, in: Cancik, Hubert/Schneider, Helmuth (Hrsg.), Der Neue Pauly – Enzyklopädie der Antike, Alterum, Band I: A-Ari, Sonderausgabe, Darmstadt 2012, Sp. 76.

Skamel, Frank/Wilhelm, Aljona, Der Europäische Beschluss zur vorläufigen Kontenpfändung im Vergleich mit Maßnahmen des einstweiligen Rechtsschutzes im deutschen und spanischen Recht, ZInsO 2014, 1789-1796.

Sladic, Jorg, Einstweiliger Rechtsschutz im Gemeinschaftsprivatrecht – Eine Untersuchung der Rechtsprechung des EG/EU-Prozessrechts, Baden-Baden 2008.

Stamm, Jürgen, Plädoyer für einen Verzicht auf den Europäischen Beschluss zur vorläufigen Kontenpfändung – Zehn gute Gründe gegen dessen Einführung, IPRax 2014, 124-129.

Sudergat, Lutz G., Der Europäische Beschluss zur vorläufigen Kontenpfändung: Bankenaufsicht, ForderungsPraktiker 2017, 202-206.

Sujecki, Bartosz, Grenzüberschreitende Kontenpfändung in der EU, EWS 2011, 414-420.

Ders., Die Entwicklung des europäischen Privat- und Zivilprozessrechts im Jahr 2011, EuZW 2012, 327-332.

Wagner, Rolf, Die politischen Leitlinien zur justiziellen Zusammenarbeit in Zivilsachen im Stockholmer Programm, IPRax 2010, 97-100.

Ders., Fünfzehn Jahre justizielle Zusammenarbeit in Zivilsachen, IPRax 2014, 217-225.

Ders., Das neue Programm zur justiziellen Zusammenarbeit in Zivilsachen – Ein Wendepunkt?, IPRax 2014, 469-473.

Wesselmann, Katharina/Gyr, Andreas, Ein ideologischer Ausgangspunkt europäischen Denkens – Der europäisch-asiatische Antagonismus seit Homers Ilias, in: Archäologisches Landesmuseum Baden-Württemberg u.a. (Hrsg.), Troia – Traum und Wirklichkeit, Stuttgart 2001, S. 32-33.

The EFFORTS German Exchange Seminar: Conference Report

Christoph Blüm & Louis M. Roer

On Friday, 17 September 2021, the Institute for Comparative Law, Conflict of Laws, and International Business Law of Heidelberg University hosted the EFFORTS German Exchange Seminar. The Seminar took place in a digital format due to the Covid-19 pandemic. Various scholars and practitioners met to discuss the need for more effective enforcement of claims in civil and commercial matters within the EU.

The Exchange Seminar was held within the framework of the EU-funded program "*EFFORTS – Towards more effective enforcement of claims in civil and commercial matters within the EU*" conducted by Heidelberg University, the University of Milan (coord.), the Free University of Brussels, the University of Zagreb, the University of Vilnius, and the Max Planck Institute Luxembourg for International, European and Regulatory Procedural Law. The project aims to assess the functioning and the effectiveness of cross-border enforcement within the EU. In particular, it deals with the European Enforcement Order Regulation (hereinafter: EEOR), the European Payment Order Regulation (hereinafter: EPOR), the European Small Claims Regulations (hereinafter: ESCR) and the European Account Preservation Order Regulation (hereinafter: EAPOR).

After welcoming remarks, *Thomas Pfeiffer* opened the conference with the old procedural wisdom that efficiency and effectiveness of procedural law reveals itself in the enforcement of claims – especially in cross-border cases. Against this background, the project's main goal was to assess whether the abovementioned EU regulations *de lege lata* help to bring justice to individuals. *Pfeiffer* pointed out that core areas of the civil procedural law had become the subject of a slow but constant change. However, European and national regulators should only change and amend the law is cases in which it is necessary.

I. The first speaker, *Rolf Wagner* (former Federal Ministry of Justice and Consumer Protection; Potsdam University), presented first-hand impressions of the drafting process and the political background of the regulations in the field of cross-border enforcement. By illustrating the genesis of these regulations, he distinguished between a "euphoric" and a "disillusioning" phase. *Wagner* pointed out that the Presidency Conclusions of Tampere, which proposed the principle of mutual recognition as the "cornerstone" of judicial cooperation within the EU, laid the foundation for the European Commission to draft these regulations in the early 2000s. Based on the new competence in Art. 81 TFEU, the EU had adopted the first three regulations in the euphoric phase, namely the EEOR (2004), the EPOR (2006) and the ESCR (2007). In the disillusioning phase, the EU had adopted the EAPOR (2016).

The most prominent features of the EEOR were the lack of an *exequatur* procedure as well as the lack of the possibility to invoke an *ordre public* violation. While the former had become the default in later regulations such as the Brussels Ibis Regulation, the latter still was causing controversial discussions. However, according to *Wagner*'s knowledge, no cases have hitherto surfaced in which the application of an *ordre public* clause would have been necessary to avoid intolerable results.

When it comes to the EPOR, *Wagner* mentioned the conflict between the European Commission's view to extend the Regulation's scope of application also to domestic cases on the one hand and *inter alia* Germany's position on the other hand. The German government rejected this proposal with reference to Germany's own well-functioning payment procedure. Ultimately, the view to only apply the Regulation in cross-border cases prevailed.

Moving on to the ESCR, *Wagner* pointed out that this was the first European contentious procedure. With regard to the scope of this Regulation, the definition of "small claims" had been controversial. Although the value of the claim which constituted a "small claim" had already been modified in 2013, it would be reviewed again in 2022.

Finally, *Wagner* addressed the the EAPOR. He described it as probably the most groundbreaking regulation. In response to the judgment of the *CJEU* in *Denilauler* and to ensure the surprise effect and the usefulness of the European Account Preservation Order, the debtor is not informed prior to the preservation of the bank account.

Wagner concluded that all four regulations were pioneering. Nevertheless, he identified potential for further improvement, especially by using the advantages of digitalization.

Pfeiffer agreed with *Wagner*'s findings regarding the euphoric and disillusioning phase but inquired about the reasons for that change of heart. *Wagner* explained that the first three regulations had been issued in the initial phase of civil judicial cooperation. At that time, one legal instrument after another had been developed since Member States had been eager to employ the new competence and propagated the principle of mutual trust.

According to *Wagner*, mutual trust seemed to have no limits in this period. However, Member States have become more reluctant to accept the increasing amount of European instruments. Regarding the ESCR, *Pfeiffer* inquired whether differences in purchasing power between the Western and Eastern European states played a role in determining what constituted a "small claim". *Wagner* negated this in principle, as the Eastern European states were new to the EU and lacked sufficient bargaining power.

II. After *Wagner*'s presentation, *Johanna Richardt* (Judicial officer at *Amtsgericht Wedding* in Berlin) gave her presentation on the EPOR. The *Amtsgericht Wedding* is competent not only for national payment proceedings, but also has exclusive (national) jurisdiction for payment proceedings under the EPOR. *Richardt* presented statistics on the caseload which showed that there were significantly more national cases than European cases. Furthermore, the organisation of the *Amtsgericht Wedding* provided for fewer full-time equivalents for European cases than for national cases. *Richardt* pointed out that applications for a European Payment Order were often handwritten and therefore time-consuming to process. *Richardt* then continued by explaining how the Regulation was functioning in practice, especially with regard to the forms. She demonstrated how complicated it can be for a consumer to determine whether a case is a cross-border case and, therefore, falls within the Regulation's scope of application. This also holds true when it comes to distinguishing the scope of the Regulation from, among others, the European Insolvency Regulation.

Richardt concluded that working with the forms constituted an advantage. However, she pointed out potential for improvement regarding the translation of the forms, the notification and unclear rules on interest.

III. *Robert Magnus* (University of Bayreuth) concluded the first panel with a presentation on the legal challenges and obstacles in the application of the EPOR. After setting out the legal framework, he focused in particular on the narrow substantive scope of the Regulation. Instead of being limited to contractual claims, the Regulation should also be applicable to tort law claims. Additionally, the requirement of a cross-border element should be interpreted more extensively. *Magnus* also explained why courts should not infer from the *CJEU*'s decision in *Bondora* that they are obliged to scrutinize standard terms *ex officio* in payment proceedings. Regarding appeals because of service errors, *Magnus* argued for an autonomous rule within the Regulation *de lege ferenda*. He also favored an autonomous rule regarding actions raising an objection to the judgment claim (*Vollstreckungsabwehrklage*). This was due to the fact that the *CJEU* held in *FX/GZ* that Art. 41 European Maintenance Regulation also governed actions raising an objection to the judgment claim. As the wording is similar to Art. 21 EPOR, *Magnus* noted that the *CJEU* may transfer its findings – including all related problems to it – to the EPOR. *Magnus* concluded his presentation by calling for more coherence within the other European regulations on recognition and enforcement.

Pfeiffer opened the discussion to *Richardt*'s and *Magnus*' presentation by pointing out how complicated the application of the EPOR can be. *Hau* argued that coherence should not be an end in itself. Thus, he also opposed the transfer of the *CJEU*'s ruling in *FX/GZ* regarding Art. 41 European Maintenance Regulation to the EPOR. The *CJEU*'s judgement in *FX* was, according to *Hau*, clearly incorrect. *Magnus* agreed in principle. However, in *Magnus*' opinion, the *CJEU* had set out the markers in *FX/GZ* and hence practice should be adjusted to a possible transfer of these findings.

Addressing *Richardt*'s presentation, *Pfeiffer* asked how often the judicial officers refer the case to a judge for judicial review for reasons of conflict of laws issues. According to *Richardt*, those judicial reviews rarely occurred. This was because the judicial officers only had to check whether the applicant had a *prima facie* case. However, there were lately some judicial reviews related to the service of European Payment Orders in France, particularly pertaining to the modified French rules on service as a result of Covid-19. These rules *inter alia* entitled postal officers to sign the acknowledgement of receipt themselves instead of handing over documents personally.

Afterwards, *Pfeiffer* briefly addressed the rule of law discussion within the EU. He asked *Magnus* whether payment proceedings complied with the rule of law. *Magnus*' twofold answer emphasized the importance of payment proceedings in both national and international cases. Payment proceedings can only realize their added value if they are implemented rapidly and in a cost-saving manner. At the same time, *Magnus* underlined the importance of giving notice to the debtor. However, a duty to (fully) examine standard conditions *ex offico* would constitute the end of the European payment proceedings. *Pfeiffer*, *Hau* and *Wagner* agreed on this conclusion.

Wagner then addressed *Magnus*' recommendation to extend the scope of the Regulation to tort claims. *Wagner* explained that one reason for the hesitance to a wider scope of application had been claims for compensation for pain and suffering. Those claims were rarely quantifiable. However, *Wagner* had no general reservations to extending the scope of the Regulation *de lege ferenda*.

IV. *Wolfgang Hau* (LMU Munich) opened the second panel with his presentation on current issues of the ESCR. *Hau* emphasized that this Regulation was endeavoring to simplify, speed up and reduce the costs of litigation in cross-border cases for small claims. However, in the first years of its applicability, the ESCR fell short of the European Commission's high expectations. Therefore, the Commission decided to reform the Regulation. Yet, the reform did not aim at solving problematic aspects. Rather, the reformed ESCR significantly raised the maximum amount of the claim from EUR 2,000 to EUR 5,000. Nevertheless, the most recent data from the German Federal Statistical Office (August 2021) showed that the German district courts dealt with a total of 856,000 civil procedural cases in 2020, of which only 2,380 fell within the scope of the ESCR, *i.e.* 0.3% of the cases. Although at first glance this was little, it was nevertheless a significant increase compared to previous years. *Hau* argued that the value of claims should not simply be increased. Rather, better proceedings should be developed. *Hau* also addressed the poor quality of the information on the Regulation available online, even though the ESCR was obligating Member States to inform potential users. *Hau* was convinced that a legal layperson could currently not successfully conduct proceedings under the ESCR without consulting a lawyer. The Regulation should therefore not allow applicants to conduct the proceedings without legal counsel. The better approach would be to strengthen the involvement of lawyers. This included, *inter alia*, making proceedings under the Regulation more attractive for lawyers.

Magnus started the discussion by asking whether a reform could solve the problems of the Regulation at all. *Hau* replied that in his opinion, the Regulation would be difficult to reform from a German perspective as in Germany it is highly uncommon to pay one's own legal costs, even if one wins. Without a change in the German procedural culture, *Hau* saw little possibility of making the Regulation more attractive for lawyers, especially since the Regulation was silent on legal tech matters.

Pfeiffer raised a general point: he emphasized that the overall significance of the ESCR was marginal compared to the core of civil procedure. Against that background, *Pfeiffer* asked whether it made sense at all to regulate such marginal topics so intensively. *Hau* replied that the Regulation was useful despite being a niche product. However, it should be seen as such. Trying to increase the number of cases by raising the monetary threshold of the Regulation would be undesirable.

V. *Peter Kreutz* (Augsburg University) gave the final presentation of the conference. He provided an overview of the concept, implementation and practical experiences with the EAPOR. *Kreutz* pointed out that the Regulation was the European Commission's response to *CJEU* cases from the 1980s. As a consequence of this case law, the EAPOR now contains an *ex parte* procedure. *Kreutz* emphasized the groundbreaking approach of the Regulation. This was reflected, *inter alia*, in its scope of application: Art. 3 EAPOR would place strong focus on factual rather than personal criteria. However, the European Commission – possibly due to the groundbreaking character – had defined the scope of the application quite restrictively, which was reflected in the narrow definitions of bank accounts in Art. 4 EAPOR. *Kreutz* also pointed out that the Regulation contains a rather clear system of remedies. *Kreutz* concluded by suggesting to extend the scope of application to other financial instruments.

Pfeiffer stressed the general importance of the enforcement of monetary claims. However, this importance contrasts with the low numbers of EAPOR cases. *Kreutz* saw two reasons for the present state: On the one hand, he observed a general reluctance to apply European law when national law was an alternative. On the other hand, the Covid-19 pandemic might have had an impact.

Wagner agreed with *Kreutz*'s statement that EAPOR was groundbreaking. *Hau* appreciated the Regulation in principle, but also pointed out some inaccuracies in the structure of the Regulation, including the fact that the EAPOR did not distinguish between claims before and after a party has obtained a title.

VI. *Pfeiffer* concluded the EFFORTS German Exchange Seminar with a quote from the renowned judge and scholar *Friedrich Stein* (1811–1868). According to *Stein*, procedural law was technical law in its sharpest manifestation, dominated by changing expediencies, devoid of all eternal values.[1] While the latter could no longer be upheld due to the increased importance of fundamental rights and substantive elements in general in civil procedural law, *Pfeiffer* nevertheless emphasized that purely technical aspects of civil procedural law have their significance. This seminar illustrated the importance of these aspects.

1 „Der Prozess ist für mich das technische Recht in seiner allerschärfsten Ausprägung, von wechselnden Zweckmäßigkeiten beherrscht, der Ewigkeitswerte bar"; *Stein*, Grundriß des Zivilprozeßrechts, S. III (translated by the authors).

Autorenverzeichnis

Christoph Blüm
Wissenschaftlicher Mitarbeiter am Institut für ausländisches und internationales Privat- und Wirtschaftsrecht der Universität Heidelberg

Wolfgang Hau
Professor für Bürgerliches Recht und deutsches, internationales und vergleichendes Zivilverfahrensrecht an der LMU München, Richter am OLG München

Peter Kreutz
Privatdozent für Bürgerliches Recht, Zivilverfahrensrecht, Römisches Recht und Europäische Rechtsgeschichte an der Universität Augsburg

Robert Magnus
Professor für Bürgerliches Recht, deutsches und internationales Zivilverfahrensrecht an der Universität Bayreuth

Johanna Richardt
Rechtspflegerin am Amtsgericht Wedding (Europäisches Mahngericht Deutschland)

Louis M. Roer
Wissenschaftlicher Mitarbeiter am Institut für ausländisches und internationales Privat- und Wirtschaftsrecht der Universität Heidelberg

Rolf Wagner
Ministerialrat im Bundesministerium der Justiz und für Verbraucherschutz i.R., Honorarprofessor an der Universität Potsdam

FSC
www.fsc.org
MIX
Papier | Fördert
gute Waldnutzung
FSC® C083411

Kolibri 360 GmbH
Ferdinand-Jühlke-Straße 7
99095 Erfurt, Deutschland
produktsicherheit@kolibri360.de